MEDITAÇÕES METAFÍSICAS

MEDITAÇÕES METAFÍSICAS

René Descartes

Introdução e notas
HOMERO SANTIAGO

Tradução
MARIA ERMANTINA DE ALMEIDA PRADO GALVÃO

Tradução dos textos introdutórios
HOMERO SANTIAGO

wmf **martinsfontes**

SÃO PAULO 2017

1ª edição *2000*
4ª edição *2016*
2ª tiragem *2017*

Tradução
MARIA ERMANTINA DE ALMEIDA PRADO GALVÃO

Revisão técnica e da tradução
Homero Silveira Santiago
(bolsista da FAPESP – Fundação de Amparo à Pesquisa do Estado de São Paulo)
Preparação do original
Luzia Aparecida dos Santos
Revisões gráficas
Marise Simões Leal
Ana Maria de O. M. Barbosa
Dinarte Zorzanelli da Silva
Produção gráfica
Geraldo Alves
Paginação
Studio 3 Desenvolvimento Editorial

Dados Internacionais de Catalogação na Publicação (CIP)
(Câmara Brasileira do Livro, SP, Brasil)

Descartes, René, 1596-1650.
Meditações metafísicas / René Descartes ; introdução e notas Homero Santiago ; tradução Maria Ermantina de Almeida Prado Galvão ; tradução dos textos introdutórios Homero Santiago. – 4ª ed. – São Paulo : Editora WMF Martins Fontes, 2016. – (Clássicos WMF)

Título original: Méditations métaphisiques.
Bibliografia.
ISBN 978-85-469-0019-0

1. Metafísica I. Santiago, Homero. II. Título. III. Série.

16-00057 CDD-110

Índices para catálogo sistemático:
1. Metafísica : Filosofia 110

Editora WMF Martins Fontes Ltda.
Rua Prof. Laerte Ramos de Carvalho, 133 01325-030 São Paulo SP Brasil
Tel. (11) 3293-8150 Fax (11) 3101-1042
e-mail: info@wmfmartinsfontes.com.br http://www.wmfmartinsfontes.com.br

para Hanfang

Índice

Introdução

Em carta de setembro de 1640, endereçada a Marin Mersenne, amigo que cuidava da edição das *Meditações*, Descartes aventava a hipótese de fazer imprimir duas ou três dezenas de exemplares da obra, designada como "meu pequeno tratado de Metafísica", e distribuí-los a alguns teólogos com o objetivo de solicitar-lhes uma opinião sobre o conteúdo e, se fosse o caso, fazer imprimir no mesmo volume três, quatro ou até mais aprovações desses primeiros leitores. Movido pelo mesmo intento de prudência, planejava o autor dedicar a obra "aos Srs. da Sorbonne em geral, a fim de rogar-lhes serem meus protetores na causa de Deus".

Esta segunda parte do projeto foi realmente levada a cabo, e por isso desde a primeira edição em latim, de 1641, o volume das *Meditações* é aberto por uma epístola dedicatória que dá conta dos planos gerais da obra e trata de pedir a aprovação e proteção da mais prestigiosa universidade do mundo católico de então. Por muito tempo, negou-se a obtenção da aquiescência da Sorbonne à obra e tanto a dedicatória quanto o pedido foram vistos mais como ardil de um filósofo precavido e consciente do teor de suas inovações do que como deliberação de bom grado. Pesquisas mais recentes, entretanto, fundadas em documentos, sugerem coisa diversa: não só a aprovação foi concedida como havia inteira coerência entre a obra e a solicitação à universidade, pois que as *Meditações* verdadeiramente intentavam lançar as bases de um novo sistema de saber para todo o mundo cristianizado, e para tanto era incontornável o trato com temas contíguos aos da teologia, ciência em que a Universidade de Paris tinha máxima autoridade[1].

Quanto ao outro ponto expresso na carta, a distribuição de exemplares prévios a teólogos, a coisa não se deu bem assim. A pedido de Descartes, o padre Mersenne enviou o manuscrito da obra a alguns "homens doutos" que lhe julgariam o valor, adiantando dúvidas ou discordâncias para que o autor pudesse respondê-las e ajuntá-las ao texto inicial. Não eram todos teólogos, nem somavam vinte ou trinta; não obstante, daí nasceram seis séries de objeções: a primeira de um teólogo católico holandês, Johannes Caterus; a terceira de Thomas Hobbes, filosófo e matemático inglês; a quarta e a quinta de dois filósofos franceses, respectivamente Antoine Arnauld e Pierre Gassendi; enfim, a segunda e a sexta série são devidas a téologos e filósofos anônimos. Na segunda edição da obra, amsterdamesa, em 1642, o ciclo fecha-se com o acrés-

....

1. Em primeiro de agosto de 1640 a assembleia universitária recebeu a obra de Descartes e designou uma comissão para avaliá-la; na sessão seguinte da mesma assembleia, todas as disposições da sessão anterior são ditas "lidas e aprovadas", o que dá a entender que a página de rosto da primeira edição das *Meditações* estava correta ao anunciar a obra *cum... approbatione Doctorum*, ou seja, o texto contava com a aprovação dos doutores da Faculdade de Teologia de Paris. Cf. Jean-Robert Armogathe, "L'approbation des *Meditationes* par la Faculté de théologie de Paris (1641)", Bulletin cartésienne XXI, *Archives de philosophie*, 57, 1, 1994.

cimo de uma sétima série de objeções feitas pelo jesuíta Bourdin.

Descartes respondeu às objeções todas e com isso acrescentou à sua obra um sem-número de preciosas páginas de esclarecimentos que permitem um vislumbre do diálogo filosófico na época clássica, pois aí o pensamento cartesiano passa pelo crivo de objetores representantes das diversas tendências filosóficas de então.

Ocorre porém que, mesmo presa à época como tudo o que é histórico, elas, as *Meditações*, lograram combinar as circunstâncias de seu tempo com uma dose acentuada daquela perseveração subjetiva que costumamos chamar genialidade; de modo que mesmo destacado de sua história, da trajetória do autor, e da soma de explicações exigidas pelos contemporâneos, não chega ela a perder o essencial de seu vigor, cujos componentes intelectuais e culturais podem ser apreciados pelo leitor de qualquer época.

*

* *

As intenções cartesianas de formulação dum completo sistema do conhecimento, cujo cume pode-se dizer as *Meditações*, tiveram precedentes importantes, e não convém esquecê-los. É o caso de um texto abandonado incompleto perto do final dos anos 20 do XVII, as *Regras para a direção do espírito*[2]. Neste opúsculo é propugna-

....

2. Numa tradução mais rente ao latim, *Regras para a direção do engenho* (*Regulæ ad directionem ingenii*), ou ainda, como já se propôs a partir de uma tradição de manuscritos nem sempre concordantes, *Regras úteis e claras para a direção do engenho e a busca da verdade*. Sobre a data de composição do

da a marcha rumo à sabedoria universal (*universalis sapientia*), o que tem por fim uma ciência matemática da realidade, dita *mathesis* universal, que tudo considera pela ótica da ordem e da medida; ademais, para a emissão de "juízos sólidos e verdadeiros sobre tudo o que se lhe depara", as *Regras* exigiam antes de tudo o mais a consideração do entendimento humano, seu funcionamento e limites.

Outro marco importante do itinerário cartesiano que leva às *Meditações* foi, em 1637, a publicação de três ensaios científicos (*A dióptrica*, *Os meteoros*, *A geometria*) precedidos pelo conhecido *Discurso do método*. Aí o Descartes cientista apresenta importantes frutos de seu método na física e na geometria e precedentemente cuida de fundamentar-lhe a validade e alcance mediante um verdadeiro relato de conversão (o desânimo com a ciência estabelecida, que Descartes conhecera nos anos de aprendizado no colégio jesuíta de La Flèche, engendrando uma nova) e uma rápida exposição metafísica, portadora de inovações de monta na fundação da ciência a partir de princípios certos e a delimitação de um campo seguro para o conhecimento de tudo o que o homem pode saber.

Houve também outros escritos, em especial o *Tratado do mundo*, o *Tratado do homem* e um ou outro esboço de metafísica; no entanto, é nas *Meditações* que se tem bela a exposição acabada e amadurecida de quase tudo o que

....

opúsculo (controversa) e seu aporte teórico, vejam-se a biografia de Geneviève Rodis-Lewis e o estudo de Jean-Luc Marion, ambos indicados na bibliografia final. É observável que das versões em português nenhuma se baseia sobre a mais recente edição crítica, devida a Giovanne Crapulli (texto crítico acompanhado da versão holandesa do século XVII, Haia, Martinus Nijhoff, 1966), o que pode chegar a comprometer a leitura mais refinada.

Descartes fizera até então no tocante à metafísica; só encontrando elas concorrente nos *Princípios da filosofia*, publicados em 1644 com vista a ser uma "suma" do cartesianismo: livro de grande divulgação e uso escolar, que em quatro partes (dedicadas respectivamente aos "princípios do conhecimento humano", aos "das coisas materiais", ao "mundo visível" e à "Terra") expõe não só a metafísica como também a física, a astronomia, etc., quase todos os inúmeros ramos do saber a que Descartes se dedicara desde a juventude.

De modo geral, o que se pode apreender com toda nitidez dessas obras é o escopo maior do cartesianismo: fundar uma nova ciência, um novo sistema do saber a substituir o antigo.

Com efeito, se Descartes tantas vezes através de suas obras serve-se da metáfora do recomeçar pelos fundamentos a construção do edifício do saber é porque com efeito já existia uma inteligência estabelecida pelos séculos e muito bem assentada nas salas de aula, aquela que desde o século XII se formara no Ocidente cristão e recebera o nome de "escolástica", estribada principalmente no aristotelismo[3]. Contra este saber institucionalizado e imperante, as *Meditações* propõem uma refundação radical, já que parte exatamente da raiz da árvore da filosofia tal como alhures descritas pelo próprio Descartes: "toda a filosofia é como uma árvore cujas raízes são a metafísica, o tronco é a física e os ramos que saem deste tronco são todas as outras ciências, que se reduzem a três principais, a saber, a medicina, a mecânica e a moral; entendo a mais

....

3. Sobre a filosofia escolástica, vide Étienne Gilson, *A filosofia na Idade Média*, São Paulo, Martins Fontes, 1995, notadamente capítulos VII-IX.

alta e mais perfeita moral, que, pressupondo um inteiro conhecimento das outras ciências, é o último grau da sabedoria"[4].

A primazia do enfrentamento, porém, para falar com mais justeza, não cabe a Descartes e tampouco ao século XVII, mas sim à cultura renascentista. Pela descoberta de novos textos da Antiguidade greco-latina e o trabalho devotado de eruditos humanistas entre os séculos XV e XVI, a cultura escolástica vai de pouco em pouco perdendo algum terreno para os novos homens de letras. O movimento, pode-se dizer, culmina na portentosa obra de Erasmo; espécie de pedagogo dos novos tempos, cujos trabalhos darão argumentos de sobra para o remodelamento da formação escolar, inclusive dos colégios jesuítas, que, estabelecidos a partir de meados do século XVI, ocasionarão renovado impulso ao ensino e não raro topam com uma série de teses erasmianas difusas[5]. Ainda que fidelíssimo à Igreja romana até a morte, o trabalho de Erasmo era fruto de uma nova época que começava a livrar-se dos estreitos limites do catolicismo de Roma, cuja consequência mais vistosa será a reforma protestante impulsionada por Martinho Lutero e João Calvino. O certo é que em meados do décimo sexto século a cena era completa para a ruína da hegemonia imposta pela ordem apostólica romana na Europa, o que arrasta o antigo continente a de-

....

4. *Princípios da filosofia*, "Carta do autor àquele que traduziu o livro".

5. Cf. Jacques Chomarat, "Paideia et rhétorique chez Érasme", *Bulletin de l'Association Guillaume Budé*, nº 1, 1986; Pierre Mesnard, "Comment les théologiens de Louvain lisaient l'*Éloge de la folie*", *Bulletin de l'Association Guillaume Budé*, nº 3, 1964; Jean-Claude Margolin, "La fortune d'Érasme: l'exemple anglais" in *Les jésuites à l'âge baroque (1540-1640)*, sob direção de Luce Giard e Louis Vaucelles, Grenoble, Jerôme Millon, 1996.

bater a partir de então, polemicamente, temas de suma importância para a religiosidade, tais como o critério de verdade, as regras de fé, a interpretação bíblica, a autoridade religiosa, entre outros[6].

É através de tais brechas, provocadas pelo abalo de instituições há muito perenes e inatacáveis, que a fé cristã já nem tão consensual e todo o saber estabelecido ao longo do medievo passarão a ser vitimados ou pelo ceticismo ou por inevitáveis atitudes de renovação que, semelhantemente ao ocorrido na religião, vão propor reformas na ciência e na filosofia; é nesse derredor complexo, onde pesam as polêmicas religiosas e científicas modelando o mundo moderno, que o projeto das *Meditações* pode apresentar-se com vigor, almejando uma ciência certa fundada sobre princípios evidentes e conclusões alheias a qualquer dúvida.

Aliás, é por meio da dúvida, tornada metódica e aos olhos de Descartes conduzida ao limite, que o cartesianismo ganha um dos seus traços mais distintivos. Se de fato sua tarefa maior é uma refundação, então convém preparar o terreno fazendo tábula rasa das opiniões antigas, livrando-se assim dos preconceitos que obstam o bom uso da razão humana. Nas *Meditações*, sem forçar o paradoxo, é da dúvida mais tenaz que deverá sobrevir a certeza mais indubitável. Daí a Primeira Meditação reservar-se a uma tarefa destrutiva: primeiro a dúvida ataca todos os conhecimentos hauridos à experiência sensível; em seguida, o argumento dos sonhos (como saberei eu

....

6. Confiram-se as páginas introdutórias de Richard H. Popkin, *La historia del escepticismo desde Erasmo hasta Spinoza*, Cidade do México, F.C.E., 1983. Especificamente sobre a Reforma, vide a introdução de Harro Höpfl a Lutero e Calvino, *Sobre a autoridade secular*, São Paulo, Martins Fontes, 1995.

se não estou a dormir?) põe em xeque a existência do mundo exterior ao sujeito pensante; por fim, hiperbolizando o processo, aparece a suposição da existência de um Deus enganador ou gênio maligno, o que eficazmente invalida até mesmo a certeza das verdades matemáticas e lança o meditante na escuridão da completa ignorância e desamparo. Condição significativamente descrita pelo próprio, em geral feliz nas imagens, dizendo-se caído em águas profundas nas quais não é possível firmar os pés tampouco manter-se à superfície.

Ora, este percurso da Meditação Primeira, ao menos no que toca a seus propósitos, não era de todo inédito. O tema da dúvida estava dado pela época, fosse pelo ceticismo que renascera havia pouco, fosse mesmo em outros pensadores, não alinhados ao ceticimo mas de índole renovadora, tendência representada particularmente nos notórios trabalhos de Francis Bacon. Este incansável sábio inglês publicou em 1620 seu *Novum organum*, obra coadunada com um grande projeto de renovação científica que, ao afrontar toda a cultura passada, servia de atestado dos novos tempos da Idade Moderna. A primeira metade do livro de Bacon era toda reservada à destruição (ele a nomeia "parte destrutiva") dos empecilhos ao progresso das ciências, entre os quais punha especialmente a filosofia da Escola. Para os seiscentistas, ao que parece, entre Bacon e Descartes haveria uma distância bem menor do que aquela que nós de ordinário erigimos; a combinação das duas filosofias inclusive, sob a designação genérica de "inovadoras" (*novatores* ou *novantiquæ*), deu ocasião a um híbrido cartesio-baconianismo forjado pelo afrouxamento paulatino impingido às teses de ambos, que se difundem e amalgamam-se num só conjunto eclético de atitudes de renovação no interior do qual o uso da dúvida é um respeitável elemento de conjunção[7].

No entanto, ainda que a dúvida não seja completa originalidade de Descartes, qual o aporte e as consequências dela tal como utilizada metodologicamente nas *Meditações*? É bem controverso, mas não é embalde observar que será este um dos pontos preferidos pelos críticos da doutrina cartesiana, particularmente em razão do uso da hipótese do Deus enganador ou gênio maligno, da qual se lança mão, alguns o vão apregoar, não sem um inevitável arranhão da piedade. Se o assento privilegiado da fé é uma inabalável certeza, expressão do assentimento humano à sua conjunção com o criador, de que modo propugnar um disparate tão enorme, dando ensejo a todos que quiserem separar-se do reto caminho da religião e debochar da cultura cristã? Em mão inversa, outros podem argumentar: como garantir que o criador não pode enganar? Sendo onipotente poderia tudo, especialmente se, como relatos bíblicos indicam, a burla vier para o bem do próprio burlado, carregada portanto daquela protetora sapiência paterna em relação aos filhos despreparados.

....

7. Como exemplo, lembremos Gassendi, que apresentando a "lógica de Descartes", começa por assinalar que este "claramente imitou o Verulâmio" ao pretender renovar a filosofia desde os fundamentos e afastar todos os prejuízos (cf. *Syntagma philosophicum*, 1658); o mesmo se pode encontrar num dos mais importantes professores cartesianos da época, o alemão Johannes Clauberg: embora ele faça distinção entre a dúvida "física" de Bacon e a dúvida "metafísica" de Descartes, também insiste nas semelhanças de ambos os projetos (cf. *Initiatio philosophi sive dubitatio cartesiana*, 1665). Para mais detalhes sobre a curiosa convergência, vide Marta Fattori, "La *Préface* aux *Passions de l'âme*: remarques sur Descartes et Bacon", Bulletin cartésien XXV, *Archives de philosophie*, 61, 1, 1988; Paul Dibon, "Sur la réception de l'œuvre de F. Bacon en Hollande dans la première moitié du XVIIe Siècle" em *Regards sur la Hollande du Siècle d'Or*, Nápoles, Vivarium, 1990.

Hoje, não faltam estudiosos a ver na dúvida cartesiana um mero expediente metodológico, uma saudável suspensão do juízo. Certamente havia desses entre os contemporâneos de Descartes, porém, é mais marcante uma outra posição que não separa a dúvida (movida seja por qual intenção for) de suas consequências, especialmente as teológicas. Basta lembrar, a título de exemplo, que a proibição do ensino e uso da dúvida encabeçara quase todas as interdições relativas à filosofia cartesiana surgidas no XVII e começo do XVIII, seja em solo católico, seja em solo protestante[8].

Mas deixemos de lado essas questões mais espinhosas. Venha a dúvida como vier, em concerto com a época, como instrumento aperfeiçoado pelo próprio Descartes, ou ainda, mais razoável, as duas coisas ao mesmo tempo, o que deveras interessa é escapar a ela; o afrontamento voluntário assemelhando-se mesmo a uma demonstração do vigor altivo do verdadeiro e da razão humana.

O primeiro passo para a vitória sobre a dúvida e a decorrente construção da ciência será a descoberta de um fundamento indubitável, quer dizer, uma verdade qualquer nascida da própria dúvida e que seja conhecida com

....

8. Para o caso da França, onde o combate ao cartesianismo é capitaneado pela Companhia de Jesus, cf. Emmy Allard, *Die Angriffe gegen Descartes und Malebranche im Journal de Trévoux, 1701-1715*, Hildesheim, Georg Olms, 1985; Gaston Sortais, "Le cartésianisme chez les Jésuites français au XVIIe et au XVIIIe siècles", *Archives de Philosophie*, 6, 3, 1929; Roger Ariew, "Quelques condamnations du cartésianisme: 1662-1706", Bulletin cartésien XXII, *Archives de philosophie*, 57, 1, 1994. Quanto à Holanda e à Alemanha, cf. respectivamente Theo Verbeek, *Descartes and the Dutch: early reactions to cartesian philosophy 1637-1650*, Carbondale, Southern Illinois University Press, 1992; Francesco Trevisan, *Descartes in Germania: la ricezione del cartesianismo nella Facoltà filosofica e medica di Duisburg (1652-1703)*, Milão, Franco Angeli, 1993.

evidência por todos, servindo como pedra de toque para a construção do conhecimento.

Ora, dificilmente alguém que abra um volume de Descartes nunca se terá deparado com a fórmula *penso, logo existo*, das mais notórias da história da filosofia e surgida no *Discurso do método* e nos *Princípios da filosofia*. Nas *Meditações* o raciocínio, que se convencionou denominar cogito cartesiano, comparece, mas sob uma outra forma; *eu sou, eu existo*, diz o filósofo ao fechar uma argumentação impetuosa cuja conclusão é imediata: aquele que duvida, e é porventura enganado, necessariamente existe. Um freio é imposto à dúvida, mas ainda é demasiado tênue; estou eu certo de que existo apenas enquanto pronuncio os termos da existência, quer dizer, enquanto tenho em mente o processo que me leva a concluí-la; deixo de pensar nisso e logo a certeza esvanece e a dúvida retorna, não havendo meio de transpor para outras coisas a verdade e certeza do privilegiado momento de intuição da própria existência. Como poderia o sujeito pensante que se apreende existindo, munido dessa só verdade como poderia ele afirmar que o que é representado por suas ideias de fato existe no mundo? Não pode. Não é sem pena que se escolhe a via do cogito; um subjetivismo profundo aloja-se de vez na praça do verdadeiro, inevitavelmente amparado no interior da coisa pensante.

É certo que se pode estabelecer como regra que tudo o que é percebido tão clara e distintamente quanto a própria existência é verdadeiro, como se afirma no início da Meditação Terceira; nada porém fundamentaria tal salto generalizador para além do interior do próprio sujeito. Eis o problema a ser solucionado. Cabe buscar garantias, porquanto, mesmo de posse de um critério para reconhecer a verdade, é preciso complementarmente garantir a validade do critério e assim afastar o perigo do engano quando da aplicação da regra às ideias da coisa pensante, ainda mais depois que a dúvida inicial deu a ver todas as armadilhas dos sentidos e dos sonhos e o hipotético Deus enganador comprometeu a evidência das certezas mais sólidas.

É por meio de raciocínios intrincados, a partir de uma série de princípios derivados do cogito, que Descartes alcançará duas provas da existência de Deus. Passo capital: descoberto um Deus todo-poderoso e perfeito, sabe-se de pronto que ele não pode ser enganador, e desse modo é afastado o prejuízo da crença num ardiloso que ludibriaria o sujeito pensante nas coisas mais simples e evidentes. Estas provas da Meditação Terceira são *a posteriori*, ou seja, provam Deus por seus efeitos, no caso, dois deles. Na primeira prova, mediante a ideia de Deus possuída pela coisa pensante; na segunda, pela própria existência da coisa pensante.

Adiante, na Meditação Quinta, uma nova prova será oferecida, mas desta vez aprioristicamente[9], pois partindo do próprio ser divino: a essência de Deus não se distingue da existência de Deus tal como a essência do triângulo não se distingue do fato de seus três ângulos somarem 180 graus; por conseguinte, não podemos conceber (um ato de inteligência que supõe compreensão do conteúdo afirmado) um ser sumamente perfeito, como Deus o é, a que falte a existência; o absurdo será aquele mesmo encontrado na concepção de um triângulo carente de uma

....

9. Sobre as fórmulas *a posteriori* e *a priori*, mais à frente serão citados trechos do próprio Descartes explicando-as.

de suas propriedades essenciais, qual seja, que a soma de seus ângulo faça 180 graus, ou seja, igual a dois retos.

Evidente, para alçar-se a esta terceira prova Descartes tem de atravessar antes uma acurada investigação sobre as causas do erro. Com a Meditação Terceira, vem o encontro de um Deus bom que não pode ser enganador em virtude de seu estatuto de ente sumamente perfeito; mas então, por que o erro? Ao responder à questão, e principalmente, escusar o criador de quaisquer responsabilidades, instalando o erro no desalinho ontológico entre um intelecto finito e uma vontade infinita que ocasiona o assentimento mesmo ao que não é clara e distintamente percebido, valida-se por completo o raciocínio matemático e à Meditação Quinta é lícito lançar mão de uma prova *a priori*.

Mas que nossa brevidade nesse ponto não deixe a má impressão da facilidade dos temas; pelo contrário, o núcleo duríssimo que vai da Meditação Terceira à Quinta e envolve as prova de Deus e a pesquisa acerca do erro é dos pontos-chave das *Meditações* e também de todo o sistema cartesiano, e por isso mesmo seria inútil esboçá-lo aqui em seus pormenores. Igualmente é esse o lugar de parte considerável das críticas que o filósofo recebeu dos objetores de primeira hora, dentre elas pode destacar-se a conhecida como "círculo cartesiano". Retomemos.

Ao cabo da Meditação Segunda, eu estou de posse da certeza de minha existência e a partir dessa verdade primeira posso formular uma regra segundo a qual tudo o que é tão clara e distintamente percebido quanto a minha existência é igualmente verdadeiro. No entanto, para a validação plena da regra parece ser necessário afastar a hipótese do Deus enganador, o que tem de ser feito por meio da prova da existência de um Deus bom e não enganador. No entanto, como provar Deus sem aquela regra da verdade? Alguns viram aí um círculo: o pensamento dirige-se a Deus e demonstra-o, mas para tanto é obrigado a pressupor a validade de uma regra que só seria inteiramente válida após a certeza da existência e bondade de Deus, justo o que se deveria provar. A tal problema, se não o mais importante, de certeza um dos mais comprometedores para a economia geral das *Meditações* e do próprio sistema cartesiano, as respostas de Descartes não chegarão a variar substancialmente: é a atenção dedicada às premissas e a lembrança de que outrora as concebemos claramente que impedem a dúvida; veja-se, como exemplo, o esclarecimento dado a Arnauld, perto do fim da parte sobre Deus das Quartas Respostas:

> "Já fiz ver bem claramente (...) que não incorri na falta que se chama de círculo, quando disse que não estamos seguros de que as coisas que concebemos muito clara e muito distintamente são todas verdadeiras senão porque Deus é ou existe, e que não estamos seguros de que Deus é ou existe senão porque concebemos isso muito clara e muito distintamente; fazendo distinção entre as coisas que concebemos de fato muito claramente e aquelas de que nos lembramos de ter outrora muito claramente concebido.
>
> Pois, primeiramente, estamos seguros de que Deus existe porque prestamos atenção às razões que nos provam sua existência; mas, depois disso, basta que nos relembremos de ter concebido uma coisa claramente para estarmos seguros de que ela é verdadeira, o que não bastaria, se não soubéssemos que Deus existe e que ele não pode ser enganador."[10]

....

10. Na bibliografia indicada, o leitor encontrará vários títulos que tratam da questão do círculo.

De qualquer forma, assentindo ou não às soluções cartesianas, que o leitor mais que tudo contemple a marcha do pensamento. A alguns não deixará de parecer, hoje, uma velharia sem sentido tais provas de Deus, artimanhas só justificadas pela ingenuidade de antanho. Mas não é bem assim. O fascínio de uma prova da existência de Deus em qualquer dos grandes sistemas do XVII é sempre aquele despertado pela chegada do instante supremo em que o raciocínio invariavelmente tem de avir-se com o infinito, seja lá como este infinito for concebido, segundo o talante de cada pensador. Em outras palavras, trata-se também de uma prova da racionalidade, uma investigação acerca das próprias possibilidades do pensamento e da verdade; a prova dos nove de qualquer racionalismo do XVII – tema que hoje tem o ar das coisas antigas, mas nem por isso deixa de intrigar. No caso de Descartes, as provas devem tocar um ser infinito criador e transcendente, são construções difíceis, moldadas por rodeios possivelmente deem ao leitor a impressão inicial de redundância e da verve rebarbativa do autor. A reiteração das leituras, entretanto, cuidará de desfazer esse juízo primeiro. Toda a metafísica das Meditações, e especialmente o movimento que leva à certeza absoluta por meio das provas de Deus é uma construção grandiosa e, se padecem de algo mais grave, é só daquela magnificência opressora dos grandes edifícios clássicos a lançar-se sobre o espectador; suas fraquezas, pois sem dúvida as tem, serão as de uma época que para nós ingenuamente queria alçar-se ao infinito. Se o leitor avançar para além desses inconvenientes, menos devidos a Descartes que ao nosso modo de ver o mundo, poderá contemplar a exuberância da inteligência dos grandes pensadores;

diríamos até que, se num só fôlego arriscar-se com velocidade pelas cinco primeiras *Meditações*, não lhe será negada nem mesmo uma ponta de prazer estético, semelhante àquela proporcionada pela engenhosidade dos sumos artífices[11].

Ao fim da Meditação Quinta, quase tudo parece resolvido; e realmente estaria se não tivesse o percurso de concluir com o retorno do sujeito pensante ao mundo da extensão, de onde escapara desde a dúvida inicial, da Meditação Primeira. Não é tarefa das mais fáceis. Para restabelecer a existência das coisas materiais, Descartes tem de firmar-se ontologicamente sobre todos os ganhos das Meditações anteriores e demonstrar, primeiro, a possibilidade da existência de tais coisas; em seguida, por meio da veracidade divina conseguida com plenitude na Meditação Quarta, certificar a propensão irresistível que nos leva a crer na existência do mundo material, dos corpos, com o que poderá finalmente provar a existência efetiva deles. É a partir daí que a coisa pensante, que na Meditação Segunda tivera sua essência reduzida ao pensamento, tem de ser definida como estreitamente unida a uma parcela de matéria, a saber, o corpo. Eis o homem por com-

....

11. Aliás, é de observar que Descartes parecia desejar esse tipo de leitura rápida, calculando as vantagens da sentada única. Em 15 de abril de 1630, a Mersenne, ele diz sobre sua metafísica que seria um discurso "tão curto" que "se poderia lê-lo em um serão". Em 12 de novembro de 1640, a outro amigo, advertindo sobre as dificuldades das *Meditações*, preceitua: "dê-se ao menos ao trabalho de ler de um só fôlego as cinco primeiras meditações com minhas respostas à carta que está ao fim [i.e., as Primeiras Respostas]"; e mais, que só comece a leitura quando puder "perder duas horas seguidas sem ser atrapalhado por ninguém". O conselho talvez não seja desimportante, veja-se que Espinosa, no Prolegômeno que fecha este volume e do qual se falará adiante, não faz coisa diversa ao propor parte substantiva das *Meditações* "sucintamente", para ser vista "com um só olhar, como em uma pintura".

pleto surgindo ao fim das *Meditações*: uma substância mista formada pela extensão e pelo pensamento.

Apesar dos esforços cartesianos, a Meditação Sexta nunca alcançou boa aceitação pelos contemporâneos nem deixa, ainda hoje, de causar problemas imensos aos intérpretes. Embora prove algo a princípio evidente para qualquer pessoa (a existência do mundo material), a dificuldade aparece porque todo o percurso cartesiano das *Meditações* é feito justamente à revelia de tais evidências ingênuas, nada mais que os prejuízos que nos chegam pela via dos sentidos. Não era afastando-os pela dúvida que o filósofo mostrara o equívoco da opinião comum de que o corpo, extensão, é mais facilmente conhecido que a alma, o pensamento? Mas então como validar, ao cabo do itinerário, aquilo que no início nada valia? De fato, houve quem não visse na Meditação Sexta mais que a contraditoriedade de um percurso às avessas, carente de qualquer valor demonstrativo.

Trata-se do custo do itinerário. Ao optar pela via do cogito, buscando a certeza no mais íntimo do pensamento, as *Meditações* quase selaram as possibilidades de um conhecimento científico da substância extensa nos mesmos moldes daquele que até então se levara a bom termo no concernente ao pensamento e a Deus. Não é à toa que a moral ocupe a copa da árvore do conhecimento descrita por Descartes, como o leitor viu de início. Ocorre que essa ciência deve ser construída sobre um dos pontos mais difíceis do cartesianismo, a união substancial entre o pensamento e a extensão. Dessa forma, o homem, objeto privilegiado da moral, é no limite um ser duplo e misterioso a complicar qualquer ciência de seu comportamento ou de suas paixões, vícios e virtudes; ele é exceção ontológica num mundo que até a Meditação Quinta passara bem com o idealismo do sujeito pensante, mas não pode completar-se senão através das dificuldades da Sexta.

*

* *

Com a publicação das *Meditações* em 1641, uma segunda edição no ano seguinte, e o aparecimento dos *Princípios da filosofia* em 44, o cartesianismo estava quase todo apresentado e disponível aos leitores. Como era natural, a difusão de suas teses não demora e, por consequência, também apressam-se as disputas, polêmicas e proibições. Na França, a nova doutrina dissemina-se à margem das universidades e escolas, nas quais a influência jesuíta era forte demais para permitir inovações; o cartesianismo é discutido nas casas de nobres interessados nos rumos da filosofia e também encontra acolhida entre algumas ordens religiosas, onde faz discípulos: nos mínimos, aos quais já pertencia Mersenne; nos oratorianos, de onde sairá Malebranche, uma das maiores figuras da filosofia francesa seiscentista, de fiel e confessa ascendência cartesiana; por fim, entre os jansenistas agrupados em torno de Port-Royal, ainda que nunca sem uma desconfiança de primeira hora, conquanto contrabalanceada (como no caso de um Arnauld) pelo agradável vislumbre do acordo de Descartes e Santo Agostinho.

Na Holanda e um pouco mais tarde na Alemanha, ao inverso da mais discreta difusão francesa, a filosofia de Descartes logo seguiu as vias da institucionalização. É nas universidades holandesas que se arma o primeiro posto avançado da nova ciência e já na segunda metade da década de 30 do século XVII doutrinas cartesianas eram ensinadas na Universidade de Utrecht por Henrique Regius, professor de medicina. Ao avançar assim sobre o terreno universitário, a nova filosofia sofre interdições e são inúmeros os textos polêmicos que se publicam contra ela, impondo ao cartesianismo holandês uma trajetória tumultuada. A despeito disso, a nova filosofia espalha-se com velocidade entre 40 e 60, ganhando o partido de alguns professores, determinando o conteúdo de disciplinas universitárias e, em versão minimada, podado um aspecto mais polêmico, chega a constituir uma sorte de segundo senso comum de parcela razoável dos jovens estudantes que já não tinham meios de ignorá-la[12].

É na esteira desse movimento de ideias que aparece em 1663, em Amsterdam, sob a autoria de Baruch de Espinosa, os *Princípios da filosofia de René Descartes demonstrados à maneira geométrica*, cujo Prolegômeno da primeira parte encerra este volume. A obra é nascida de aulas sobre a física cartesiana ministradas por Espinosa a um jovem universitário. Por insistência de amigos, o filósofo preparou uma parte inicial com a exposição da metafísica de Descartes e entregou a Lodewijk Meyer o cargo da edição e redação de um prefácio. O livro ficou então

....

12. Estudando o ambiente intelectual da Universidade de Leiden entre as décadas de 40 e 60, Roberto Bordoli, *Ragione e Scrittura tra Descartes e Spinoza*, Milão, Franco Angeli, 1997, p. 17, menciona um "cartesianismo mínimo (...) que, sobretudo no que concerne à física, penetrou em profundidade nos ambientes científicos holandeses e particularmente na universidade de Leiden". Um outro fato eloquente por si é que na segunda metade do XVII holandês os manuais escolares de orientação aristotélica praticamente deixam de ser impressos e deem lugar aos inspirados no cartesianismo; cf. Theo Verbeek, "Gassendi et les Pays-Bas" em *Gassendi et l'Europe*, edição de Sylvia Murr, Paris, Vrin, 1997.

composto por duas partes completas, o início da terceira, incompleta, e um apêndice sobre temas escolásticos designado *Pensamentos metafísicos*. O escopo geral, sobre o qual insiste o prefácio de Meyer, é expor os princípios da filosofia cartesiana segundo a maneira geométrica.

As obras principais de Descartes, conforme precisão do autor ao fim das Segundas Respostas, seguem uma "ordem" própria dos geômetras, ou seja, "as coisas que são propostas como primeiras devem ser conhecidas sem a ajuda das seguintes, e as seguintes devem depois ser dispostas de tal forma que sejam demonstradas só pelas coisas que as precedem". Isto, diz o filósofo, foi feito nas *Meditações*. Porém, ainda assim, instado pelo conselho de objetores a expor pontos principais da obra "à maneira gemétrica", Descartes faz distinção entre a "ordem" geométrica e a "maneira de demonstrar", dupla mas sempre igualmente geométrica. Pode ser por *análise* ou *resolução*, dita *a posteriori* porque "mostra a verdadeira via pela qual uma coisa foi metodicamente inventada e faz ver como os efeitos dependem das causas"; ou pode ser por *síntese* ou *composição*, *a priori*, pois que "examina as causas por seus efeitos", demonstrando por meio "de uma longa série de definições, postulados, axiomas, teoremas e problemas, a fim de que, se se lhes negam quaisquer consequências, ela faça ver como elas estão contidas nas antecedentes." De toda forma, para satisfazer os objetores Descartes expõe alguns pontos mais importantes das *Meditações* sob uma armação sintética a que dá o nome de *Razões que provam a existência de Deus e a distinção entre a alma e o corpo dispostas à maneira geométrica*[13].

....

13. Uma tradução desse importante texto consta do volume *Descartes* da coleção "Os Pensadores"; cf. bibliografia final.

Ora, o livro de Espinosa tem como intento primeiro expor e demonstrar os princípios cartesianos, como diz o título, "à maneira geométrica", entendendo por isso aquele método da síntese que se serve de uma aparelhagem matemática complexa e que *grosso modo* será o mesmo utilizado na mais importante obra espinosana, a *Ética demonstrada segundo a ordem geométrica*, publicada postumamente em 1677. Por isso mesmo, todo o esboço que fecha as Segundas Respostas de Descartes, intitulado *Razões...*, será retomado por Espinosa e funcionará como uma espécie de modelo.

Dúvidas quanto ao êxito da empreita não faltam. Afinal, não é tão claro o que vem a ser para cada um, Descartes e Espinosa, ordem e maneira geométrica. O que é síntese e análise? Mais profundamente, o cartesianismo sai incólume da redução a uma forma que nunca lhe foi a mais natural? Seria insensato querermos indicar respostas nos limites que nos são cabidos[14]; entretanto, vale atentar um pouco que seja para as especificidades do trecho espinosano que o leitor encontra nesta edição: o Prolegômeno da obra.

Paradoxalmente, haja vista a intenção de geometrizar o cartesianismo, esse texto introdutório, tal como se notará, assemelha-se bastante à forma meditativa original da filosofia de Descartes e nada lembra daquela mencionada "síntese" encontrada nas Segundas Respostas; pelo

....

14. Tomamos a liberdade de remeter o leitor aos seguintes estudos: Carlos Lopes de Matos, "Spinoza, intérprete de Descartes", *Revista Brasileira de Filosofia*, nº 19, 1955; Marcos André Gleizer, *Verdade e certeza em Espinosa*, Porto Alegre, L&PM, 1999, especialmente pp. 227-47; e Marilena Chauí, *A nervura do real. Imanência e liberdade em Espinosa*, São Paulo, Companhia das Letras, 1999, sobretudo pp. 331-65.

contrário, tem-se uma retomada sucinta e rápida de conteúdos das três primeiras Meditações por meio da glosa e do mosaico de extratos do próprio texto cartesiano. Tudo isso é apresentado, segundo Espinosa, de forma que possa ser contemplado num só olhar como em uma pintura; algo que, em suas palavras, a ordem matemática seguida no restante da obra impediria devido à prolixidade exigida pela matéria. Com a exposição rápida e precisa, são apresentados a dúvida, o cogito e a chegada à existência de Deus; fecha o texto a discussão do problema do círculo: depois de explicar a solução cartesiana, Espinosa oferece uma outra, sua, a qual nunca deixou de gerar dúvidas sobre a consistência de sua fidelidade ao pensamento cartesino.

Mas, para irmos terminando, qual pode ser o interesse do texto espinosano aqui oferecido além de ocasionalmente esclarecer algo do cartesianismo?

Ora, estamos muito acostumados aos grandes sistemas da época clássica, que sempre pensamos construídos por pensadores solitários e incomunicáveis. Por que então Espinosa, já apregoado o mais sistemático dos filósofos, ter-se-ia aplicado ao estudo do cartesianismo e, quando teve oportunidade, publicado um livro sobre o assunto, mesmo com todo o esforço necessário à reexposição das ideias de outrem?

Os palpites podem ser vários, mas não interessam tanto aqui. Melhor, se o texto de um grande pensador escrevendo sobre outro, igualmente grande, encerra esta edição, isto só faz sugerir que a grandeza e solidez do pensamento nunca se fazem solitariamente ou surgem do nada; pelo contrário, requerem o substrato seguro da leitura dos grandes textos. Construções imensas podem ser prometidas pelo engenho de cada um, mas só o diálogo sem cessar com a cultura circundante, mediante o amadurecimento da reflexão e o burilamento das ideias, faz as promessas darem lugar aos melhores frutos.

É no emaranhado dos fios que tecem a história do pensamento, lugar onde nada é gratuito se soubermos olhar de perto, que se torna sumamente importante saber não só o que pensou Descartes ou Espinosa, mas também como um leu o outro. Para que isso seja levado a bom efeito, não poderíamos concluir senão lembrando os preceitos do próprio Descartes, num texto conhecido por Espinosa, acerca do proveito do encontro com os grandes pensadores:

> "O que há de principal nos escritos dos engenhos superiores não está contido nesta ou naquela sentença que possa ser extraída, mas brota do corpo inteiro da obra; e isso não de imediato, pela primeira leitura, mas é paulatinamente, pela leitura frequente e assiduamente reiterada, que desapercebidos aprendemo-lo e como que convertemos em nosso próprio vigor."[15]

Esta edição

Compõem este volume as *Meditações metafísicas*, que são precedidas pela epístola dedicatória, um prefácio de Descartes, uma nota do livreiro francês e o resumo da obra, e o Prolegômeno de Espinosa à primeira parte de sua obra intitulada *Parte I e II dos princípios da filosofia de René Descartes demonstradas à maneira geométrica*.

....

15. *Epístola a Gisbertus Voetius*, p. 41, do vol. VIII-2 da edição Adam-Tannery, referida adiante.

À exceção do prefácio, todos os textos cartesianos foram traduzidos da versão francesa publicada em 1647 (*Les méditations metaphysiques de René Descartes touchant la première philosophie*), revista e autorizada por Descartes; no caso do prefácio, vertido para o francês tardiamente, sem a chancela do filósofo, preferiu-se traduzi-lo do original latino. Como referência tivemos das *Œuvres de Descartes*, preparadas por Charles Adam e Paul Tannery, Paris, Vrin, 1996, cotejada em especial com a recente edição de Michelle Beyssade, que oferece o latim, o francês seiscentista e uma tradução francesa moderna[16]; outras edições e traduções também foram consultadas, em particular as vernaculares disponíveis[17]. No caso das *Meditações*, cada parágrafo é precedido por um número: o da edição de Khodoss para a Presses Universitaires de France; à margem é indicada a localização do texto em Adam e Tannery (abreviada AT): em romanos o volume, em arábicos a página. Sendo esta a mais autorizada edição de Descartes, comumente referida pelos estudiosos e pelas boas edições, o leitor poderá comodamente consultar esta edição e mesmo cotejá-la com outras, o que é sempre saudável no caso de um texto clássico.

....

16. *Méditations métaphysiques. Meditationes de Prima philosophia. Méditations de philosophie première*, Paris, Le livre de poche, 1990.

17. *Meditazioni metafisiche. Obbiezioni e risposte*, trad. de Adriano Tilgher, Bari, Laterza, 1954; Key philosophical writings, trad. de Elizabeth S. Haldane e G. R. T. Ross, Hertfordshire, Worsworth, 1997. Utilíssima foi a edição indexada preparada por André Robinet: *Cogito 75. Méditations métaphysiques. Texte définitif avec indexation automatisée, tableau alphabétique de formes lexicales, tableau fréquentiel, concordances, tableaux de co-occurrences*, Paris, Vrin, 1976. Para as edições em português e espanhol, vide bibliografia final; delas só não foi consultada a versão de António Sérgio. No respeitante às notas, foram bastante úteis duas edições escolares: a de André Vergez, Paris, Natham, 1983, e a de Jean-Louis Poirier, Bordas, Paris, 1987.

Quanto ao texto de Espinosa, ele foi traduzido a partir do texto latino publicado por Carl Gebhardt: *Renati des Cartes principiorum philosophiæ pars I. & II. more geometrico demonstratæ* in *Spinoza Opera*, Heidelberg, Carl Winters Universitætbuchhandlung, 1972, vol. I; edição cotejada com outras duas anteriores[18]. Salvo engano, o texto é inédito em português, e por isso mesmo procuramos sempre ter sob os olhos outras traduções[19]. Os *Princípios da filosofia de Descartes* tiveram uma versão holandesa na qual colaborou Espinosa; assinalamos em nota algumas poucas variantes tendo por base a consulta às mencionadas edições estrangeiras. Como no caso de Descartes, o texto espinosano traz à margem a paginação da edição de Gebhardt (abreviada SO), facilitando as referências e o cotejo com outras traduções.

No respeitante às notas de pé de página, resumem-se a três tipos: assinalam variantes entre o latim e o francês, no caso de Descartes, e entre o latim e holandês, no caso de Espinosa; esclarecem uma ou outra referência de ordem histórica; chamam a atenção para algum ponto que mereça consideração mais demorada.

Por fim, é conveniente prevenir o leitor sobre algumas dificuldades do texto, para que não fique com má impressão dos tradutores. Os escritos de Descartes e Espinosa

18. *Opera quæ supersunt omnia*, edição de C. H. Bruder, 1843, vol. I; e *Opera quotquot reperta sunt*, edição de J. van Vloten et J. P. N. Land. Haia, 1913, vol. I.

19. Em especial as mais recentes: *Tratado de la reforma del entendimiento, Principios de filosofía de Descartes, Pensamentos metafísicos*, trad. de Atilano Domínguez, Madri, Alianza, 1988; *Princìpi della filosofia di Cartesio. Pensieri metafisici*, trad. de Emanuela Scribano, Bari, Laterza, 1990; *Principles of cartesian philosophy with Metaphysical thoughts*, trad. de Samuel Shirley, Indianopolis & Cambridge, Hackett, 1998.

são de meados do século XVII, portanto já bem distantes de nós, além do que foram redigidos em latim, língua que àquela altura era quase exclusivamente um instrumento acadêmico. Que se leiam as advertências do livreiro que antecede as *Meditações*: havia termos que eram "rudes e bárbaros" em francês, e já o eram em latim, como ele explica; tratavam-se de "termos da Escola", quer dizer, um vocabulário técnico e, como tal, destinado a ser compreendido por um grupo determinado. Desta feita, afora as inevitáveis falhas, algumas estranhezas e dificuldades o leitor deverá saber enfrentá-las, pois só infielmente traduzidos adaptar-se-iam aos nossos padrões.

HOMERO SANTIAGO

Cronologia

1517. Martinho Lutero publica suas noventa e cinco teses, desafiando a autoridade da Igreja Católica.

1536. É publicada a *Instituição da religião cristã*, de João Calvino.

1596. A 31 de março, na cidade francesa de La Haye, nasce René Descartes, filho da pequena nobreza local.

1597. São publicadas as *Disputas metafísicas*, de Francisco Suárez; obra de síntese da escolástica tardia, exercerá grande influência ao longo do século XVII.

1600. O filósofo italiano Giordano Bruno é executado pela Inquisição romana, acusado de defender teses heréticas.

1607. Descartes é enviado para o colégio jesuíta de La Flèche, onde permanecerá até 1615.

1610. A Inquisição condena a obra *Das revoluções dos orbes celestes*, de Nicolau Copérnico, que defende o sistema heliocêntrico.

1616. Descartes obtém na Universidade de Poitiers o bacharelado e o licenciamento em Direito. Em 1986, as teses defendidas e a dedicatória foram redescobertas.

1618. Descartes parte para a Holanda e alista-se no exército de Maurício de Nassau.

1619. O filósofo deixa a Holanda e viaja pela Dinamarca e pela Alemanha.

1620. Descartes renuncia à vida militar. Publicação do *Novum organum*, de Bacon.

1622. Retorno à França.

1623-1625. Viagem à Itália.

1626-1628. Permanência em Paris, onde o filósofo conhece o mundo letrado e científico da cidade.

1629. Descartes parte para a Holanda, onde permanecerá por vinte anos, vivendo em várias cidades: Franeker, 1629; Amsterdam, 1630; Deventer, 1632; Amsterdam, 1633; Utrecht, 1635. Leiden, 1636; Santpoort, 1637; Leiden, 1640; Endegeest, 1641; Egmond du Hoef, 1743; Egmond, de 1644 até 1649. É provável que em 29 já tenham sido redigidas as *Regras para a direção do espírito*.

1630. Descartes inscreve-se na Universidade de Leiden.

1633. Galileu Galilei é condenado pelo Santo Ofício e com isso Descartes desistirá de publicar seu *Tratado do mundo*. Nasce em Amsterdam, na comunidade judaica da cidade, Baruch de Espinosa.

1635. Batismo de Francine, filha de Descartes.

1637. Publicação do *Discurso do método* e dos *Ensaios*, em Leiden.

1641. Em Paris são publicadas as *Meditações sobre a filosofia primeira*. Começam as hostilidades de Gisbertus Voetius, reitor da Universidade de Utrecht, contra o ensino do cartesianismo.

1642. Uma segunda edição das *Meditações* aparece em Amsterdam. O ensino do cartesianismo é interditado na Universidade de Utrecht.

1643. Em Utrecht, na Holanda, é publicada uma obra intitulada *Filosofia cartesiana ou método admirável da nova filosofia de René Descartes*, sob a autoria de Martinus Schoockius. Descartes atribui o texto a Voetius e como resposta publica a *Epístola ao celebérrimo Gisbertus Voetius*.

1644. Publicação dos *Princípios da filosofia*; tradução latina do *Discurso do método*.

1647. São publicadas em Paris as traduções francesas das *Meditações* e dos *Princípios da filosofia*. Na Universidade de Leiden, é proibida qualquer menção do cartesianismo, contrária ou favorável. Ao fim do ano, Descartes polemiza com Regius, seu ex-discípulo.

1649. Publicação de *As paixões da alma*; em setembro, Descartes parte para Estocolmo, Suécia, a convite da rainha Cristina. Tradução latina da *Geometria*.

1650. O filósofo morre em Estocolmo, em 11 de fevereiro. É publicado na Holanda o *Compêndio de música*, obra da juventude de Descartes.

1656. Espinosa é excomungado pela comunidade judaica em que nascera.

1657. É publicado em Paris o primeiro volume da correspondência de Descartes; um segundo volume aparecerá em 1659, um terceiro em 1667.

1662. Em Leiden, Holanda, é publicada uma tradução latina do *Tratado do homem*, de Descartes, até então inédito.

1663. Publicação dos *Princípios da filosofia de René Descartes demonstrados à maneira geométrica*, de Espinosa; no ano seguinte a obra será traduzida para o holandês.

1664. Em Paris, é publicado *O mundo, ou Tratado da luz*. Logo depois aparece o texto francês do *Tratado do homem*, seguido do *Tratado da formação do feto*.

1670. Anonimamente aparece o *Tratado teológico-político*, de Espinosa.

1677. Em 21 de fevereiro, Espinosa morre em Haia, Holanda. Perto do fim do ano são publicadas as suas *Obras póstumas*.

MEDITAÇÕES RELATIVAS

À primeira filosofia

Nas quais a existência de Deus e a distinção real entre a alma e o corpo do homem são demonstradas[1]

....

1. Na primeira edição latina, de 1641: *Meditações sobre a filosofia primeira em que são demonstradas a existência de Deus e a imortalidade da alma*; na edição de 1642, a referência à imortalidade da alma é substituída por *distinção entre a alma e o corpo.*

Prefácio à epístola dedicatória

AT, IX, 4

Aos senhores decano e doutores da Sagrada Faculdade de Teologia de Paris[1]

Senhores,

A razão que me leva a apresentar-vos esta obra é tão justa – e, quando conhecerdes seu desígnio, estou seguro de que também tereis uma razão tão justa de tomá-la sob vossa proteção – que penso não poder fazer melhor, para torná-la de alguma forma recomendável a vós, que dizendo em poucas palavras a que nela me propus. Sempre estimei que estas duas questões, de Deus e da alma, fossem as principais das que devem ser demonstradas antes pelas razões da filosofia que da teologia, pois, se bem que nos baste, a nós que somos fiéis, crer pela fé que há um Deus e que a alma humana não morre com o corpo, certamente não parece possível persuadir os infiéis de religião alguma, quase nem mesmo de alguma virtude moral, sem que primeiramente se lhes provem essas duas coisas pela razão natural. E, visto que frequentemente se propõem nesta vida maiores recompensas para os vícios que para as virtudes, poucas pessoas prefeririam o justo ao útil, se não fossem retidas nem pelo temor de Deus,

1. Sobre a aprovação ou não pela Sorbonne, cf. a introdução.

nem pela esperança de uma outra vida. E, embora seja absolutamente verdadeiro que é preciso crer que há um Deus, porque assim se ensina nas Sagradas Escrituras, e que, por outro lado, é preciso crer nas Sagradas Escrituras, porque elas vêm de Deus; e isto porque, sendo a fé um dom de Deus, aquele mesmo que dá a graça para fazer crer nas outras coisas também pode dá-la para fazer-nos crer que ele existe; não se pode, no entanto, propor isto aos infiéis, que poderiam imaginar que nisso cometeríamos a falta que os lógicos nomeiam um círculo[2].

E na verdade cuidei que vós, senhores, com todos os teólogos, não asseguráveis somente que a existência de Deus pode provar-se por razão natural, mas também que se infere da Sagrada Escritura que seu conhecimento é muito mais claro que aquele que se tem de várias coisas criadas e que, com efeito, é tão fácil que aqueles que não o têm são culpados. Como aparece[3] por estas palavras da Sabedoria, capítulo 13, em que é dito que *nem estes merecem perdão, porque, se chegaram a ter luz bastante para poderem fazer uma ideia do universo, como não descobriram mais facilmente o Senhor dele?* E aos Romanos, capítulo primeiro, diz-se que são *inescusáveis*. E ainda no mesmo lugar, por estas palavras: *o que se pode*

....

2. No caso, um círculo vicioso, ou seja, raciocínio falho que toma como premissa uma proposição que deveria provar; neste sentido, o círculo caracterizaria a incapacidade demonstrativa da fé cristã, visto que para chegarmos a uma prova de sua validade precedentemente teríamos de já estar de posse da crença. O que segue, portanto, é um discurso racional e universal destinado a todos os homens, cristãos ou não.

3. De modo geral, o verbo *aparecer* e o adjetivo *aparente* surgem na obra em um sentido mais estrito: *aparecer* é ser evidente, dar-se a ver com evidência.

saber de Deus é neles manifesto[4], parece que somos advertidos de que tudo o que se pode saber de Deus pode ser mostrado por razões que não precisam ser buscadas em outro lugar que não em nós mesmos e que nosso espírito sozinho é capaz de nos fornecer[5]. Por isso pensei que não seria fora de propósito que eu desse a ver aqui por quais meios isto se pode fazer e qual via é preciso tomar para chegar ao conhecimento de Deus com mais facilidade e certeza do que conhecemos as coisas deste mundo.

E no que concerne à alma, embora muitos tenham acreditado que não é simples conhecer-lhe a natureza, e que alguns tenham mesmo ousado dizer que as razões humanas persuadiram-nos de que ela morreria com o corpo e que apenas a fé nos ensinaria o contrário, não obstante, visto que o Concílio de Latrão, realizado sob Leão X, na sessão 8, condena-os e ordena expressamente aos filósofos cristãos responder a seus argumentos e

....

4. As passagens são mencionadas em exatidão com a Vulgata, tradução da Bíblia para o latim realizada mormente por São Jerônimo (cerca de 350-420), corrigida, oficializada e editada em 1592. Por cuidado de uniformidade, aqui se utilizou a tradução da vulgata realizada pelo Pe. Matos Soares (São Paulo, Paulus, várias edições). Não fizemos mais que um só pequeno ajuste na segunda menção da Epístola aos Romanos, em que a tradução brasileira dá *é-lhes manifesto* e mudamos por *é neles (in illis) manifesto*, o que parece melhor convir a uma filosofia do cogito, na qual a clareza provém prioritariamente da interioridade do ser pensante. Cf. *Biblia Sacra iuxta Vulgatam Clementinam*... Madri, BAC, 1959, 3ª ed. O recurso à citação bíblica é tradicional e ainda no XVII, serve para corroborar pontos de vista; Descartes, porém, não é filósofo que abuse do artifício, pelo contrário, é muito comedido no uso das Escrituras e mesmo quando convocado a explicar o acordo entre certa passagem e sua doutrina, em geral ou se escusa, ou o faz de mau grado.

5. Latim: *por razões buscadas em nenhum outro lugar que em nosso próprio espírito.*

empregar todas as forças de seu espírito para dar a conhecer a verdade, ousei então empreendê-lo neste escrito[6]. Além do mais, sabendo que a principal razão que faz com que vários ímpios não queiram crer que há um Deus e que a alma humana é distinta do corpo é dizerem que ninguém até aqui pôde demonstrar essas duas coisas – embora eu de modo algum seja dessa opinião, mas, pelo contrário, sustente que quase todas as razões que foram tra-
6 zidas por tantos grandes personagens, no tocante a essas duas questões, são demonstrações, quando bem entendidas, e que seja quase impossível inventar novas[7] –, se é que eu creio que não se poderia fazer nada de mais útil que procurar de uma vez por todas curiosamente e com cuidado as melhores e mais sólidas e dispô-las em uma ordem tão clara e tão exata que doravante seja constante a todo o mundo que são verdadeiras demonstrações. E, enfim, visto que várias pessoas desejaram isso de mim, as quais têm conhecimento de que cultivei um método para resolver todo tipo de dificuldade nas ciências, método que na verdade não é novo, nada havendo de mais antigo que a verdade, mas do qual sabem que me

....

6. O V Concílio Ecumênico de Latrão estendeu-se de 1512 a 1517; a sessão referida por Descartes condena aqueles que, inspirados pelos textos de Averróis (1126-1198), e chamados de "neoaristotélicos", contestavam a imortalidade da alma ou a possibilidade de demonstrá-la racionalmente, afirmando-a como uma verdade da fé, haurida somente nas Escrituras. O texto do Concílio reafirma que "o verdadeiro de modo algum contradiz o verdadeiro" e que por isso "toda asserção contrária à verdade iluminada da fé", por definição, é "de todo falsa"; por fim, o texto convoca os cristãos a combater os "detestáveis, hereges abomináveis e infiéis detratores da fé católica". Cf. H. Denzinger e A. Schönmetzer, *Enchiridion symbolorum definitionum et declarationum de rebus fidei et morum*, Friburgo, Herder, 1963.

7. Em latim lê-se preferencialmente *encontrar, descobrir*, conforme o sentido clássico do verbo *invenire*, sempre mantido por Descartes.

servi com bastante felicidade em outras questões, pensei que era meu dever tentar algo sobre esse tema[8].

Ora, trabalhei quanto me foi possível para compreender neste tratado tudo o que disso se pode dizer. Não é que eu tenha reunido aqui todas as diversas razões que se poderiam alegar para servir de prova a nosso tema, pois nunca acreditei que isso fosse necessário, a não ser quando não haja nenhuma que seja certa; porém, somente tratei as primeiras e principais de uma tal maneira que ouso propô-las como demonstrações muito certas e muito evidentes. E além disso direi que são tais que não penso que haja alguma via por onde o espírito humano possa jamais descobrir melhores; pois a importância da questão e a glória de Deus, à qual tudo isto se refere, constrangem-me a falar aqui um pouco mais livremente de mim do que tenho costume. No entanto, qualquer que seja a certeza e evidência que encontro em minhas razões, não posso persuadir-me de que todo o mundo seja capaz de entendê-las[9]. Mas, assim como na geometria há muitas que nos foram deixadas por Arquimedes, por Apolônio, por

....

8. Em 1641, ano da primeira edição das *Meditações*, Descartes já redigira vários opúsculos (as *Regras para a direção do espírito*, *O mundo*, *Tratado do homem*, entre outros) e, principalmente, publicara o *Discurso do método*, prefácio a três ensaios científicos: *Dióptrica*, *Meteoros* e *Geometria*.

9. Este trecho pode ser confrontado com os dois primeiros parágrafos desta epístula. Em nota à sua edição, Ferdinand Alquié observa com justiça: Descartes dissera que "provar Deus é tão fácil que se pode tomar os ateus como culpados e inescusáveis. Diz em seguida que iria propor, da existência de Deus, *demonstrações muito evidentes e muito certas*, e seguramente as melhores de todas. Podemos então nos espantar de vê-lo declarar aqui que suas razões não podem ser entendidas por todos; pois, se é assim, os ateus não serão mais necessariamente culpados, mas talvez simplesmente incapazes de seguir as demonstrações propostas."

Pappus[10] e por vários outros, que são recebidas por todo o mundo como muito certas e muito evidentes porque nada contêm que, considerado separadamente, não seja facílimo de conhecer e porque não há lugar em que as consequências quadrem e convenham tão bem com os antecedentes; no entanto, porque são um pouco longas e pedem um espírito inteiro[11], só são compreendidas e entendidas por pouquíssimas pessoas; da mesma forma, ainda que eu estime que aquelas de que me servi aqui igualem e até mesmo ultrapassem em certeza e evidên-
7 cia as demonstrações de geometria, apreendo no entanto que não possam ser suficientemente entendidas por muitos, tanto porque são também um pouco longas e dependentes umas das outras quanto porque, principalmente, pedem um espírito inteiramente livre de todos os prejuízos e que se possa facilmente desprender do comércio dos sentidos[12]. E, na verdade, não se encontram no mundo tantos que sejam próprios para as especulações metafísicas quantos para as de geometria. E, ademais, há ainda esta diferença: na geometria cada um, estando prevenido da opinião de que não se adiante nada que não tenha uma demonstração certa, aqueles que não são nela inteiramente versados pecam bem mais frequentemente aprovando falsas demonstrações, para fazer crer que as entendem,

....

10. Matemáticos da Antiguidade: Arquimedes, III a.C.; Apolônio, II a.C.; e Pappus, séc. III-IV de nossa era. Em 1637, na *Geometria*, Descartes resolvera um célebre problema deste último que já fora tratado por Euclides – com resultados insuficientes, segundo Apolônio; a solução um dos vários trunfos do método cartesiano nas ciências, aos quais o filósofo já fez menção. Um livro introdutório de proveitosa leitura para não-iniciados em geometria é o de Vincent Jullien: *Descartes. La "Géométrie" de 1637*, Paris, PUF, 1996.

11. Latim: *pedem um leitor muito atento.*

12. Latim: *pedem um leitor muito atento.*

que refutando as verdadeiras. Não se dá o mesmo na filosofia, em que, cada um crendo que todas as suas proposições são problemáticas[13], poucas pessoas entregam-se à busca da verdade; e mesmo muitos, querendo adquirir para si a reputação de espíritos fortes, não se aplicam a outra coisa que não a combater arrogantemente as verdades mais aparentes.

Eis por que, senhores, qualquer força que possam ter minhas razões, já que pertencem à filosofia, não espero que elas produzam uma grande esforço[14] sobre os espíritos se não as tomardes sob vossa proteção. Porém, a estima que todo o mundo tem de vossa companhia sendo tão grande, e o nome da Sorbonne[15] de uma tal autoridade que, não somente no que concerne à fé, após os Sagrados Concílios, nunca se deferiu tanto ao julgamento

....

13. Latim: *na filosofia, como se crê não haver sobre o que não se possa disputar por uma ou outra parte*. O texto latino, bem mais que o francês, sugere à referência aos exercícios escolares em que estudantes e professores defendiam teses, atacavam outras e assim disputavam entre si. Descartes, como muitos filósofos modernos, deplorou tal método convencido de que a verdade teria uma evidência constrangedora e de forçoso assentimento; não é à toa que o modelo de ciência sejam as matemáticas, afinal não cabe disputar sobre o resultado dos cálculos. Nas *Regras*, ele dizia: "sempre que duas pessoas têm sobre as mesmas coisas juízos contrários, de certeza que pelo menos uma ou outra se engana, e nenhuma delas parece mesmo ter ciência; porque, se as razões de uma fossem certas e evidentes, poderia expô-las à outra de modo a finalmente convencer o seu entendimento."(Regra I, trad. de João Gama, p. 15)

14. Em francês *effort*; Adam & Tannery sugerem ler, e são seguidos por vários, *effet*, efeito. Aceitamos, porém, a lição de Ferdinand Alquié, para quem esforço traduz o latim *operæ pretium* e deve ser entendido no sentido de "efeito produzido por uma ação que pede esforço". As edições mais recentes e autorizadas nem sequer mencionam a sugestão.

15. Mantivemos o nome francês, mais usado entre nós; existe também a forma *Sorbona*, derivada do latim.

de nenhuma outra companhia, mas também no que concerne à humana filosofia, cada um crendo que não é possível encontrar alhures mais de solidez e conhecimento nem mais de prudência e integridade para dar seu julgamento; não duvido, se vos dignardes a ter tal cuidado com este escrito que queirais primeiramente corrigi-lo – pois tendo conhecimento não somente de minha fraqueza, mas também de minha ignorância, não ousaria assegurar que não haja alguns erros; depois, após ajuntar as coisas que lhe faltam, acabar as que não estão perfeitas e tomar vós mesmos o trabalho de dar uma explicação mais ampla àquelas que têm precisão ou, ao menos, advertir-me a fim de que eu trabalhe nisso; e, enfim, depois que as razões pelas quais provo que há um Deus e que a alma humana
8 difere do corpo tiverem sido levadas ao ponto de clareza e evidência a que estou seguro de que se as podem conduzir, que deverão ser tidas por demonstrações exatíssimas, quiserdes declarar isso mesmo e testemunhá-lo publicamente, não duvido, digo, que, caso seja feito, todos os erros e falsas opiniões que sempre houve no tocante a essas duas questões sejam logo apagadas do espírito dos homens. Pois a verdade fará com que todos os doutos e a gente de espírito subscrevam vosso julgamento e vossa autoridade, com que os ateus, que são de ordinário mais arrogantes que doutos e judiciosos, despojem-se de seu espírito de contradição, ou com que talvez os mesmos sustentem as razões que verão serem recebidas por todas as pessoas de espírito como demonstrações, com medo de que pareçam não ter inteligência; e, enfim, todos os outros se renderão facilmente a tantos testemunhos e não haverá mais ninguém que ouse duvidar da existência de Deus e da distinção real e verdadeira da alma humana com o corpo.

A vós, agora, julgar o fruto que proviria dessa crença, se ela fosse uma vez bem estabelecida, vós que vedes as desordens que sua dúvida produz, mas não seria gentil recomendar ainda mais a causa de Deus e da religião aos que dela sempre têm sido as mais firmes colunas[16].

16. Latim: *a vós que sempre fostes a maior coluna da Igreja Católica.*

Prefácio ao leitor[17]

AT, VII, 7

Já toquei brevemente nas questões de Deus e da mente[18] humana no *Discurso do método para bem conduzir a própria razão e procurar a verdade nas ciências*, editado em francês no ano de 1637; na verdade, não para aí tratá-las cuidadosamente, mas apenas para que adiantasse algo e, a partir do juízo dos leitores, aprendesse de que modo haveriam de ser tratadas depois. Com efeito, de tamanha importância me pareceram que julguei dever tratar delas mais uma vez, e para explicá-las sigo uma via tão pouco batida e tão distante do uso comum que não achei útil ensiná-la mais profusamente em um escrito francês, a ser lido por todos sem distinção, a fim de que os engenhos mais fracos não pudessem crer que também a eles cabia empenhar-se nisso.

....

17. Este prefácio aparecia nas edições latinas de 1641 e 1642, logo após a Epístola à Sorbonne. É um texto polêmico que responde a críticas feitas ao *Discurso do método*, de 1637; talvez por isso, estando a tradução francesa dez anos distante da aparição do Discurso, tenha sido substituído por uma nota do livreiro.

18. Em latim, *mens*; é o termo que de ordinário substitui nos textos cartesianos a palavra *anima*, que para o filósofo era "amiúde tomada por coisa corpórea" (cf. AT VII, 161). Nos textos traduzidos a partir do francês, aparece *espírito*, que traduz *esprit*, usado por Descartes em francês.

Embora ali rogasse a todos, aos quais em meus escritos ocorresse algo digno de repreensão, que se dignassem a avisar-me, nada digno de nota foi objetado ao que eu alcançara acerca dessas questões, salvo duas coisas, às quais responderei com poucas palavras antes que comece a explicação mais cuidadosa delas.

8 Primeiro, que, do fato de a mente humana voltada para si mesma não perceber ser outra coisa senão coisa pensante, não segue que sua natureza ou *essência* consista apenas em ser coisa pensante, de forma que a palavra *apenas* exclua todo o restante que talvez também se pudesse dizer que pertence à natureza da alma. A esta objeção respondo que eu também não quis ali excluí-las na ordem da própria verdade da coisa (da qual, por certo, eu não tratava então), mas tão somente na ordem da minha própria percepção, de tal modo que fosse dito que eu não conhecia nada que soubesse pertencer a minha essência além de que sou coisa pensante, ou seja, uma coisa que tem em si a faculdade de pensar. Na sequência, porém, mostrarei como, a partir do fato de que nada mais reconheça pertencer a minha essência, segue-se também nada mais deveras pertencer a ela.

Outro ponto é que, a partir do fato de ter em mim a ideia de uma coisa mais perfeita que eu, não se segue que a própria ideia seja mais perfeita que eu, e muito menos que aquilo que é representado por essa ideia exista. Mas respondo que se esconde aqui um equívoco na palavra ideia: ela pode ser tomada ou materialmente, como operação do intelecto e neste sentido não se pode dizê-la mais perfeita que eu, ou objetivamente, como a coisa representada por essa operação, coisa que, mesmo que não se suponha existir fora do intelecto, pode contudo ser mais perfeita que eu em razão de sua essência. De que modo, porém, só a partir do fato de que a ideia de uma coisa mais perfeita esteja em mim, siga-se que esta coisa deveras existe, será exposto amplamente na sequência.

Além disso, vi de fato dois escritos bastante longos, mas pelos quais não eram combatidas tanto minhas razões sobre tais assuntos quanto as conclusões, com argumentos emprestados aos lugares comuns dos ateus. E, 9
visto que argumentos desse tipo não possam ter nenhuma força junto aos que entendem minhas razões, e sejam tão despropositados e frágeis os juízos de muitos, que são persuadidos mais pelas opiniões primeiro recebidas, por falsas e alheias à razão que sejam, do que por uma verdadeira e firme refutação delas, mas ouvida posteriormente, não quero aqui responder a isso, para não ter de antes fazer-lhes referências. E apenas direi, em geral, que tudo o que é vulgarmente aventado pelos ateus para combater a existência de Deus sempre depende disso: que ou se imputam afetos humanos a Deus ou tamanha força e sabedoria seja arrogada às nossas mentes que nos esforcemos em determinar e compreender algo que Deus possa ou deva fazer; de tal modo que nenhuma dificuldade nos surgirá, contanto que apenas nos recordemos de que nossas mentes devem ser consideradas como finitas, Deus, porém, como incompreensível e infinito.

Agora, depois que de alguma maneira experimentei uma vez os juízos dos homens, empenho-me de novo em tratar aqui das mesmas questões de Deus e da mente humana e, simultaneamente, os inícios de toda a filosofia primeira; mas de tal forma que não espero nenhum aplauso do vulgo e nenhuma abundância de leitores; sou autor para ser lido apenas por aqueles que possam e queiram meditar seriamente comigo e afastar a mente dos sentidos e simultaneamente de todos os prejuízos, e bem sei que esses não se encontram senão em pequeno número. Já quanto àqueles que, não cuidando de compreender a série e o nexo de minhas razões, aplicar-se-ão apenas a chicanear cláusulas isoladas, como é do costume de muitos, não perceberão eles grande fruto na leitura deste escrito[19]; e, embora talvez encontrem em muitos pontos ocasião de escarnecer, contudo, não objetarão facilmente algo de peso ou que seja digno de resposta.

Mas, também porque não me comprometo a satisfazer a todos os outros leitores logo de início, nem tanto me arrogo que confie em poder prever tudo o que parecerá difícil aos outros, exporei primeiramente nas Meditações aqueles pensamentos mesmos com a ajuda dos quais, parece-me, alcancei o conhecimento certo e evidente da verdade, para que eu tente porventura persuadir também os outros com as mesmas razões pelas quais me persuadi. Depois disso responderei às objeções de alguns homens excelentes pelo engenho e doutrina, aos quais estas Meditações foram enviadas para serem examinadas antes de mandadas à prensa. Com efeito, as coisas objetadas foram tantas e tão variadas que eu ousaria esperar que com facilidade não virá à mente de outros seja o que for, pelo menos de importância, que não foi tocado por eles. E por isso rogo ainda aos leitores que não formem um juízo sobre as Meditações antes que tenham se dignado a ler até o fim essas objeções e todas as suas soluções.

....

19. Importante preceito de leitura: no cartesianismo, como de resto em todo grande sistema filosófico, importam não só as teses e conclusões como o raciocínio, o nexo dos argumentos que nos levam até lá.

O livreiro ao leitor[20]

AT, IX, 2

A satisfação que posso prometer a todas as pessoas de espírito na leitura deste livro, quanto ao que concerne ao autor e seus tradutores, obriga-me a cuidar de mais minuciosamente contentar também o leitor de minha parte, com medo de que toda sua desgraça caia sobre mim sozinho. Trato então de satisfazê-lo com meu cuidado em toda esta impressão e também com este pequeno esclarecimento, no qual devo aqui advertir de três coisas, que são de meu conhecimento particular e que servirão ao deles. A primeira é qual foi o desígnio do autor quando publicou esta obra em latim. A segunda, como e por que ela aparece hoje traduzida em francês; e, a terceira, qual é a qualidade desta versão.

I

Quando o autor, após ter concebido estas Meditações em seu espírito, resolvido a dar parte delas ao público, isso

....

20. Esta nota aparece na edição francesa de 1647 e substitui o prefácio do próprio Descartes para as edições latinas. Não se sabe se o texto é do filósofo, mas é bem provável que ele tenha ao menos indicado o que devia ser dito ao leitor. Como se notará, de modo geral as observações aparentam-se com as cartesianas.

ocorreu tanto pelo temor de sufocar a voz da verdade quanto pelo desígnio de submetê-lo à prova de todos os doutos; com este fito, ele quis falar-lhes na língua deles e ao modo deles, encerrou todos os seus pensamentos no latim e nos termos da Escola. Sua intenção não foi frustrada e seu livro tem sido posto em questão em todos os tribunais da filosofia. As objeções ajuntadas a estas Meditações testemunham-no o bastante e bem mostram que os sábios do século se deram ao trabalho de examinar suas proposições com rigor. Não cabe a mim julgar com que sucesso, porquanto sou eu quem as apresenta aos outros para fazer com que sejam julgadas. Basta-me crer para mim e assegurar aos outros que tantos grandes homens não se puderam chocar sem produzir muita luz.

3 II

Entretanto, este livro ultrapassa universidades, nos palácios dos grandes, e cai entre as mãos de uma pessoa de uma condição muito eminente[21]. Após ter lido as Meditações e tê-las julgado dignas de sua memória, toma o encargo de traduzi-las em francês, seja porque por esse meio quis tornar mais próprias e mais familiares essas noções bastante novas, seja porque não teve outro desígnio que honrar o autor por uma tão boa marca de sua estima. Depois uma outra pessoa também de mérito não quis deixar imperfeita essa obra tão perfeita e, seguindo os passos desse senhor, pôs em nossa língua as objeções que seguem as

21. O duque de Luynes (1620-1690), filho de um ministro do rei Luís XIII, amigo de A. Arnauld (autor das Quartas Objeções) e com relações no círculo de Port-Royal.

Meditações, com as respostas que as acompanham; julgando bem que, para várias pessoas, o francês não tornaria estas Meditações mais inteligíveis que o latim se elas não estivessem acompanhadas das objeções e de suas respostas, que são como seus comentários[22]. O autor, tendo sido informado da boa fortuna de umas e outras, não somente consentiu, mas também desejou, e rogou a esses senhores, achar bom que as versões deles fossem impressas; porque observara que suas Meditações haviam sido acolhidas e recebidas com alguma satisfação por um maior número daqueles que não se aplicam à filosofia da Escola que daqueles que a ela se aplicam. Assim, como havia dado sua primeira impressão latina no desejo de achar contraditores, acreditou dever essa segunda francesa ao favorável acolho de tantas pessoas que, apreciando já seus novos pensamentos, pareciam desejar que se lhe tolhesse a língua e o gosto da Escola, para acomodá-los aos deles.

III

Encontrar-se-á em tudo esta versão assaz justa e tão religiosa que nunca se separou do sentido do autor. Eu poderia assegurá-lo só sobre o conhecimento que tenho da luz de espírito dos tradutores, que facilmente não se terão equivocado. Mas tenho ainda uma outra certeza mais autêntica, que é que eles têm (como era justo) reservado ao autor o direito de revisão e correção. Ele usou-o, mas para corrigir-se mais a si que a eles, e para esclarecer so-

....

22. Claude Cleserlier (1614-1684), advogado; será responsável daí por diante pela tradução e edição de várias obras de Descartes, especialmente a correspondência.

mente seus próprios pensamentos. Quero dizer que, encontrando pontos em que lhe pareceu que não os tinha tornado claros o bastante em latim para todo tipo de pes-
3 soa, quis aqui esclarecê-los com alguma pequena mudança, o que de pronto se reconhecerá conferindo o francês com o latim. O que deu mais trabalho aos tradutores em toda esta obra foi o encontrar grande quantidade de palavras da arte, que eram rudes e bárbaras mesmo no latim e são-no muito mais no francês, que é menos livre, menos ousado e menos acostumado a esses termos da Escola; eles não ousaram contudo omiti-los, porque teria sido preciso mudar o sentido, o que lhes proibia a qualidade de intérpretes que haviam tomado; por outro lado, quando esta versão passou sob os olhos do autor, ele achou-a tão boa que não quis nunca mudar o estilo, e guardou-se disso por sua modéstia e a estima que faz de seus tradutores; de forma que por uma deferência recíproca, ninguém os tendo suprimido, permaneceram nesta obra.

Acrescentaria, agora, se me fosse permitido, que este livro, contendo meditações muito livres e que podem mesmo parecer extravagantes aos que não estão acostumados às especulações da metafísica, não será nem útil, nem agradável aos leitores que não puderem aplicar seu espírito com muita atenção ao que leem, nem se abster de julgar antes de tê-lo examinado o bastante. Mas tenho medo de que me repreendam de ultrapassar os limites de meu ofício, ou antes, quase sem o saber, pôr um tão grande obstáculo à venda de meu livro, com esta larga exceção de tantas pessoas às quais não o estimo próprio. Calo-me, então, e não assusto mais o mundo. Antes, porém, sinto-me ainda obrigado a advertir os leitores de trazer muita equidade e docilidade na leitura deste livro, pois se aí chegam com esse mau humor e esse espírito contrariante de grande quantidade de pessoas que leem apenas para disputar e que, fazendo profissão de buscar a verdade, parecem ter medo de encontrá-la, porquanto no momento mesmo que dela lhes aparece alguma sombra tratam de combatê-la e destruí-la, eles nunca farão nem proveito, nem julgamento razoável. É preciso lê-lo sem prevenção, sem precipitação e com o desígnio de instruir-se, dando de início a seu autor o espírito escolar para só depois tomar o de censor. Este método é tão necessário para essa leitura que posso chamá-lo a chave do livro, sem a qual ninguém o poderia bem entender.

Resumo das seis meditações seguintes[23] AT, IX, 9

Na primeira, apresento as razões pelas quais podemos duvidar em geral de todas as coisas, e em particular das coisas materiais, ao menos enquanto não tivermos outros fundamentos nas ciências senão aqueles que tivemos até o presente. Ora, se bem que a utilidade de uma dúvida tão geral não apareça de início, ela é todavia muito grande, pois nos livra de todo tipo de prejuízos e nos prepara um caminho muito fácil para acostumar nosso espírito a desprender-se dos sentidos e, enfim, faz com que não seja possível que possamos ter mais alguma dúvida do que depois descobriremos ser verdadeiro.

Na segunda, o espírito, que, usando de sua própria liberdade, supõe que não existem todas as coisas, da exis-

....

23. Descartes sempre exigiu de seus leitores a extrema atenção e a consideração *total* de seus argumentos, então por que resumir texto sob o risco de produzir um sumário que favorecesse o mau entendimento? Em carta a Mersenne de dezembro de 1640, quando este preparava a publicação, o filósofo promete o envio deste resumo e o justifica dizendo que, de outra forma, "muitos ficarão desgostosos por não encontrar em um mesmo lugar tudo o que procuram" (AT III, 268). De todo modo, convém o leitor não se guiar tenazmente só por esta sinopse, pois tão importante quanto as teses aportadas por Descartes é a forma de apresentação, a meditativa e geométrica, que vai encadeando razão após razão até erigir suas conclusões.

tência das quais tem ele a menor dúvida, reconhece que é absolutamente impossível que, entretanto, ele mesmo não exista. O que é também de uma muito grande utilidade, visto que por tal meio ele comodamente faz distinção das coisas que lhe pertencem, isto é, à natureza intelectual, e das que pertencem ao corpo. Mas, já que pode ocorrer que alguns esperem de mim nesse lugar razões para provar a imortalidade da alma, estimo dever agora adverti-los de que, tendo cuidado de não escrever nada neste tratado de que não tivesse demonstrações muito exatas, me vi obrigado a seguir uma ordem semelhante àquela de que se servem os geômetras, a saber, adiantar todas as coisas das quais dependem a proposição que se busca antes de concluir algo dela[24].

Ora, a primeira e principal coisa que é requerida, antes de conhecer a imortalidade da alma, é formar uma concepção clara e nítida e inteiramente distinta de todas as concepções que se possam ter do corpo: o que foi feito nesse lugar. Requer-se, além disso, saber que todas as coisas que concebemos clara e distintamente são verdadeiras, conforme nós as concebemos: o que não pôde ser provado

....

24. Dois pontos são importantes neste parágrafo. Primeiro, cumpre ter em mente a advertência cartesiana acerca da ordem, que como se costuma dizer é uma "ordem das razões" e não das matérias. Ao fim das Segundas Respostas, dirá o filósofo: "a ordem consiste nisso somente: que as coisas que são propostas primeiro devem ser conhecidas sem a ajuda das seguintes e que as seguintes devem depois ser dispostas de tal forma que sejam demonstradas só pelas coisas que as precedem." (cf. AT IX-1, 121) Em segundo lugar, notemos que o prefácio escrito no fim de 1640 já adverte contra um ponto levantado pelas Segundas Objeções: nas *Meditações* não se encontra palavra acerca da imortalidade da alma e isso em especial devia ser provado. Acedendo, diz Descartes nada por dizer: "Não tenho tanta presunção que empreenda determinar, pela força do raciocínio humano, uma coisa que depende apenas da pura vontade de Deus" (cf. AT IX-1, 101 1 121).

antes da quarta Meditação. Ademais, é preciso ter uma concepção distinta da natureza corporal, a qual se forma, parte nesta segunda, e parte na quinta e sexta Meditação. E, enfim, deve-se concluir de tudo isso que as coisas que se concebem clara e distintamente serem substâncias diferentes, como se concebem o espírito e o corpo, são, de fato, substâncias diversas e realmente distintas umas das outras; e é o que se conclui na sexta Meditação. E, na mesma, isso também se confirma pelo fato de não concebermos nenhum corpo senão como divisível, ao passo que o espírito, ou a alma do homem, não se pode conceber senão como indivisível, pois, de fato, não podemos conceber a metade de alma alguma, como podemos fazer com o menor de todos os corpos; de forma que suas naturezas não são somente reconhecidas como diversas, mas mesmo, em alguma medida, contrárias. Ora, é preciso que saibam que não me empenhei em dizer nada mais sobre isso neste tratado, tanto porque isso é suficiente para mostrar com bastante clareza que da corrupção do corpo a morte da alma não se segue, e assim para dar aos homens a esperança de uma segunda vida após a morte, como também porque as premissas das quais se pode concluir a imortalidade da alma dependem da explicação de toda a física; primeiramente, a fim de saber que em geral todas as substâncias, isto é, as coisas que não podem existir sem serem criadas por Deus, são por sua natureza incorruptíveis, e não podem jamais cessar de ser, se não são reduzidas ao nada por esse mesmo Deus, que lhes queira negar seu concurso ordinário. E, em seguida, a fim de que se observe que o corpo, tomado em geral, é uma substância, eis por que também ele não perece; mas que o corpo humano, enquanto difere dos outros corpos, é formado e composto apenas de uma certa configuração de membros e outros acidentes semelhantes; e a alma humana, pelo contrário, não é assim composta de quaisquer acidentes, mas é uma pura substância. Pois, ainda que todos seus acidentes mudem-se, por exemplo, que ela conceba certas coisas, que ela queira outras, que ela sinta outras, etc., é contudo sempre a mesma alma; ao passo que o corpo humano não é mais o mesmo só pelo fato de que a figura de algumas de suas partes encontre-se mudada. Daí se segue que o corpo humano pode facilmente perecer, mas que o espírito, ou a alma do homem (o que não distingo) é imortal por sua natureza.

11 Na terceira Meditação, parece-me que expliquei assaz longamente o principal argumento de que me sirvo para provar a existência de Deus. Todavia, a fim de que o espírito do leitor pudesse mais comodamente abstrair-se dos sentidos, não quis me servir nesse lugar de algumas comparações tiradas das coisas corporais, se bem que talvez aí permaneçam muitas obscuridades, as quais, como espero, serão inteiramente esclarecidas nas respostas que dei às objeções que depois me foram propostas. Como, por exemplo, é bastante difícil entender como a ideia de um ser soberanamente perfeito, a qual se encontra em nós, contém tanto de realidade objetiva, isto é, participa por representação em tantos graus de ser e de perfeição, que ela deve necessariamente vir de uma causa soberanamente perfeita. Mas o esclareci nas respostas, pela comparação com uma máquina muito artificial cuja ideia encontra-se no espírito de algum operário; pois, como o artifício objetivo dessa ideia deve ter alguma causa, a saber, a ciência do operário ou de qualquer outro de quem ele a tenha aprendido, da mesma forma é impossível que a ideia

de Deus, que está em nós, não tenha Deus mesmo como sua causa.

Na quarta, é provado que as coisas que concebemos muito clara e distintamente são todas verdadeiras, e junto é explicado em que consiste a razão do erro ou falsidade; o que deve necessariamente ser sabido tanto para confirmar as verdades precedentes quanto para melhor entender as que seguem. (Mas, entretanto, é de observar que não trato de modo algum nesse lugar do pecado, isto é, do erro que se comete na procura do bem e do mal, mas somente daquele que ocorre no julgamento e no discernimento do verdadeiro e do falso; e que não entendo aí falar das coisas que pertencem à fé ou à conduta da vida, mas somente daquelas que concernem às verdades especulativas e conhecidas com a ajuda da só luz natural.)[25]

Na quinta, além de que a natureza corporal tomada em geral seja aí explicada, a existência de Deus é ainda demonstrada por novas razões, nas quais todavia se podem encontrar algumas dificuldades, mas que serão resolvidas nas respostas às objeções que me foram feitas; e aí também se descobre de que forma é verdadeiro que a certeza das demonstrações geométricas depende do conhecimento de um Deus.

Enfim, na sexta, distingo a ação do entendimento daquela da imaginação; as marcas desta distinção aí são

25. Este trecho entre parênteses é um acréscimo feito a pedido de Arnauld. Nas Quartas Objeções, ele sugeriu a Descartes advertir o leitor de que "quando explica a causa do erro, ele entende falar principalmente daquele que se comete no discernimento do verdadeiro e do falso, e não daquele que ocorre na procura do bem e do mal". Numa carta de 18 de março de 1641, o filósofo pede ao Pe. Mersenne, que então cuidava da impressão do volume, que o acréscimo seja feito, mas entre parenteses "a fim de que se veja que foram ajuntados".

descritas. Mostro que a alma do homem é realmente distinta do corpo e, todavia, que ela lhe é tão estreitamente
12 conjunta e unida que não compõe senão uma mesma coisa com ele. Todos os erros que procedem dos sentidos aí são expostos, com os meios de evitá-los. E, enfim, aporto todas as razões das quais se pode concluir a existência das coisas materiais; não que eu julgue muito úteis para provar o que elas provam, a saber, que há um mundo, que os homens têm corpos e outras coisas semelhantes que nunca foram colocadas em dúvida por nenhum homem de bom senso[26], mas porque, considerando-as de perto, chega-se a conhecer que não são tão firmes nem tão evidentes quanto as que nos conduzem ao conhecimento de Deus e de nossa alma; de forma que estas são as mais certas e as mais evidentes que podem cair no conhecimento do espírito humano. E é tudo o que tive o desígnio de provar nestas seis Meditações, o que faz com que eu omita aqui muitas outras questões, das quais também falei ocasionalmente neste tratado.

26 Latim: *das quais ninguém de espírito são nunca duvidou.*

MEDITAÇÃO PRIMEIRA AT, IX, 13

Das coisas que se podem colocar em dúvida

[1] Há já algum tempo me apercebi de que, desde meus primeiros anos, recebera grande quantidade de falsas opiniões como verdadeiras e que o que depois fundei sobre princípios tão mal assegurados só podia ser muito duvidoso e incerto[1]; de forma que me era preciso empreender seriamente, uma vez em minha vida, desfazer-me de todas as opiniões que até então aceitara em minha crença e começar tudo de novo desde os fundamentos, se quisesse estabelecer algo firme e constante nas ciências. Mas, parecendo-me ser muito grande esse empreendimento, aguardei até atingir uma idade que fosse tão madura que eu não pudesse esperar outra depois dela, na qual eu fosse mais capacitado para executá-lo; o que me fez adiar por tanto tempo, que doravante acreditaria cometer um erro se empregasse ainda em deliberar o tempo que me resta para agir.

....

1. Parecer comum a outros tantos pensadores do século XVII e denunciante de uma ruptura crítica, iniciada já no século anterior, em relação à filosofia escolástica, calcada no aristotelismo. O tema dos prejuízos e da necessária liberação de tais entraves era, para muitos contemporâneos de Descartes, de raiz notadamente baconiana, ainda que com as *Meditações*, sobretudo pelo acréscimo da dúvida metódica, tenha sido levado ao extremo.

[2] Agora, pois, que meu espírito está livre de todos os cuidados, e que me proporcionei um repouso assegurado numa aprazível solidão, aplicar-me-ei seriamente e com liberdade a destruir em geral todas minhas antigas opiniões[2]. Ora, não será necessário, para atingir esse desígnio,
14 provar que são todas falsas, o que talvez nunca levasse a cabo; mas, visto que a razão já me persuade de que não devo menos cuidadosamente impedir-me de crer nas coisas que não são inteiramente certas e indubitáveis do que naquelas que nos parecem manifestamente ser falsas, o menor motivo de dúvida que aí encontrar bastará para fazer-me rejeitar todas. E para tanto não é preciso que eu examine cada uma em particular, o que seria um trabalho infinito; mas, porque a ruína dos fundamentos arrasta necessariamente consigo todo o resto do edifício, abordarei de início os princípios sobre os quais todas as minhas antigas opiniões estavam apoiadas[3].

....

2. Por meio desta passagem é notável o quanto as *Meditações* resultam de um verdadeiro processo de conversão intelectual; aspecto reforçado pela sua forma literária, que envolve o leitor e o faz pôr-se na condição de meditante. Por conta de tais exercícios mentais, compreende-se a importância da "aprazível solidão", condição para o lazer ou ócio estudioso a ser desfrutado, segundo o *Discurso*, sem impedimento.

3. O parágrafo deve ser levado a sério; por um ato deliberado e "com liberdade", Descartes anuncia a função da dúvida na Meditação Primeira: destruir todo o conhecimento, de modo que nada sobre e, a partir daí, reconstruir o edifício do saber. Lívio Teixeira em seu livro sobre a moral de Descartes (indicado na bibliografia) insiste na função capital da vontade no processo de dúvida e, de modo mais geral, em todo o método cartesiano. O *com liberdade*, porém, não passara incólume à crítica de alguns, para os quais seria impossível colocar tudo sob dúvida tão radical. Gassendi, por exemplo, argumenta que tomar por falso o que é somente duvidoso é nada mais que substituir um prejuízo por outro, o prejuízo de crer tudo certo pelo de crer tudo falso. De toda forma, a armação é essencial à dúvida e condição de sua radicalidade. Nas Sétimas

[3] Tudo o que recebi até o presente como mais verdadeiro e seguro, aprendi-o dos sentidos ou pelos sentidos; ora, algumas vezes experimentei que tais sentidos eram enganadores, e é de prudência jamais confiar inteiramente naqueles que uma vez nos enganaram[4].

[4] Mas, ainda que os sentidos nos enganem algumas vezes no tocante às coisas pouco sensíveis e muito distantes, talvez se encontrem muitas outras, das quais não se pode razoavelmente duvidar[5], conquanto as conheçamos por meio deles: por exemplo, que estou aqui, sentado perto do fogo, vestido com um roupão, com este papel entre as mãos, e outras coisas dessa natureza. E como é que eu poderia negar que estas mãos e este corpo sejam meus? A não ser, talvez, que me compare com aqueles insensatos cujo cérebro é de tal maneira perturbado e ofuscado pelos negros vapores da bílis, que asseguram constantemente que são reis quando paupérrimos, que estão vestidos com ouro

....

Respostas ela é assim explicada: imaginemos alguém, "se acaso tivesse um cesto cheio de maçãs e receasse que algumas dessas maçãs estivessem podres e quisesse retirá-las a fim de que não estragassem as restantes, de que modo agiria? Em primeiro lugar, não tiraria todas do cesto e depois, examinando com ordem cada uma, recolheria só as que reconhecesse não estarem estragadas e recolocá-las-ia no cesto, deixando de lado as outras? Da mesma forma, então, os que nunca filosofaram com correção têm em sua mente várias opiniões, as quais começaram a acumular desde a infância, e com justiça temem que a maioria delas não seja verdadeira e esforçam-se por separar estas, verdadeiras, das outras, para que com essa mistura não se tornem todas incertas." (AT VII, 481)

4. Aqui se inicia o processo da dúvida, em três tempos: dúvida dos sentidos, argumento dos sonhos e do Deus enganador ou gênio maligno. O primeiro passo, dúvida em relação aos conhecimentos tirados da apreensão sensível do mundo, é um argumento comum e com raízes numa espécie de desconfiança natural de ordinário experimentada; a sua fragilidade é dada à vista no parágrafo seguinte: negar certas coisas só porque os sentidos às vezes nos enganam é loucura.

5. Latim: *das quais de forma alguma se pode duvidar.*

e púrpura, quando estão de todo nus, ou imaginam ser cântaros, ou ter um corpo de vidro. Mas quê? São loucos, e eu não seria menos extravagante se me regrasse por seus exemplos[5bis].

[5] Todavia, tenho de considerar aqui que sou homem e, por conseguinte, que costumo dormir e representar-me em meus sonhos as mesmas coisas, ou algumas vezes menos verossímeis, que aqueles insensatos quando estão em vigília[6]. Quantas vezes aconteceu-me sonhar, à noite, que

....

5 bis. O termo *loucos* corresponde ao latim *amentes*, ou seja, pessoas despossuídas de mente ou espírito, em suma, de pensamento, justo o que Descartes encontrará de mais verdadeiro em si mesmo; *extravagante* traduz *demens*, aquele que perdeu a mente, afastou-se dela. O latim joga ainda com o termo *cucurbita*, que designa um cântaro ou uma ventosa geralmente feita de vidro, associando-o semanticamente a uma frase anterior, não traduzida em francês, "ter cabeça feita de argila" (*caput habere fictile*); segundo os dicionários *cucurbitæ caput*, cabeça de cântaro, ou de ventosa, era expressão que indicava uma cabeça sem cérebro, oca por dentro; uma boa tradução, seguindo a conhecida expressão, seria "cabeça-de-vento". Uma interessante interpretação desta passagem é dada por Michel Foucault. Em sua *História da loucura*, ele sustenta que a firme rejeição da hipótese da loucura do filósofo e do guiar-se pelo exemplo do louco ocorre porque mesmo no processo de dúvida, abundante em erros e ilusões, resta sempre um "resíduo de verdade": não ser louco é condição essencial ao "sujeito que pensa (...) pois a loucura é justamente a condição de impossibilidade do pensamento". A passagem das *Meditações* seria um exemplar maior do modo como o pensamento clássico considerou a loucura: pura negatividade, outro da razão que não participaria de modo algum do seu jogo, mesmo que dubitativo. O louco, a hipótese do Deus enganador, que logo aparecerá, eram as ameaças que deviam ser afastadas pela razão, possuída pelo sujeito que pensa. Cf. *História da loucura na idade clássica*, São Paulo, Perspectiva, 1991, parte I, cap. 2.

6. Outro argumento ajunta-se ao anterior, relativo aos sentidos: sou homem, costumo dormir e em meus sonhos as situações em que me encontro parecem muito reais, embora depois, acordado, saiba tudo não passar de sonho; logo, o que garantirá que não durmo neste momento? Com a aliança entre dúvida dos sentidos e argumento dos sonhos é possível duvidar da existência das coisas, até do próprio corpo, e assim assemelhar-se aos loucos, porém, por meio de um artifício racional.

estava neste lugar, que estava vestido, que estava junto ao fogo, embora estivesse todo nu em minha cama? Parece-me presentemente que não é com olhos adormecidos que olho este papel, que esta cabeça que remexo não está dormente, que é com desígnio e propósito deliberado que estendo esta mão e que a sinto: o que acontece no sono não parece tão claro nem tão distinto quanto tudo isto. Mas, pensando nisso cuidadosamente, lembro-me de ter sido frequentemente enganado, quando dormia, por semelhantes ilusões. E, detendo-me nesse pensamento, vejo tão manifestamente que não há indícios concludentes nem marcas bastante certas por onde se possa distinguir nitidamente a vigília do sono, que fico muito espantado, e meu espanto é tal que é quase capaz de persuadir-me de que eu durmo.

[6] Suponhamos então, agora, que estamos adormecidos e que todas estas particularidades, a saber, que abrimos os olhos, que remexemos a cabeça, que estendemos as mãos, e coisas semelhantes, são apenas falsas ilusões; e pensemos que talvez nossas mãos, e também todo nosso corpo, não são tais como os vemos. Todavia, há que confessar, pelo menos, que as coisas que nos são representadas no sono são como quadros e pinturas, que só podem ser formadas à semelhança de algo real e verdadeiro; e que, assim, pelo menos essas coisas gerais, a saber, olhos, uma cabeça, mãos e todo o resto do corpo, não são coisas imaginárias, mas verdadeiras e existentes. Pois na verdade os pintores, mesmo quando se esforçam com o maior artifício em representar sereias e sátiros com formas esquisitas e extraordinárias, não lhes podem, todavia, atribuir formas e naturezas inteiramente novas, mas fazem somente certa mistura e composição dos membros de diversos animais;

ou então, se talvez sua imaginação for bastante extravagante para inventar algo de tão novo que jamais tenhamos visto nada de semelhante, e que assim sua obra nos represente uma coisa puramente fingida[7] e absolutamente falsa, por certo no mínimo as cores com que eles o compõem devem ser verdadeiras[8].

[7] E pela mesma razão, ainda que essas coisas gerais, a saber, olhos, uma cabeça, mãos e outras semelhantes, possam ser imaginárias, é preciso confessar todavia que há coisas ainda mais simples e mais universais, que são verdadeiras e existentes, da mistura das quais, nem mais nem menos que daquela de algumas cores verdadeiras, todas essas imagens das coisas que residem em nosso pensamento, sejam verdadeiras e reais, sejam fingidas e fantásticas, são

....

7. Em francês *feinte*, no latim *fictitium*, o que também sugeriria a tradução *fictícia*. O verbo latino *fingere* e seus derivados terão várias traduções: *ser feito*, *ser formado*, *fingir*, etc.; no entanto, importa ter em mente que fazer artificialmente, forjar e fingir correlacionam-se numa só família semântica, contraposta ao que é por natureza, naturalmente. Em português o parentesco, embora não seja imediato, também existe, e fingir pode ser não apenas dissimular, ficcionar, como fazer, forjar; como exemplo, veja-se um trecho de José Saramago: "a cúpula de Miguel Ângelo, aquele arrebatamento de pedra aqui em fingimento" (*Memorial do convento*, Rio de Janeiro, Bertrand, 1994, p. 13). Ao contrário da naturalidade da dúvida dos sentidos, a hipótese do gênio maligno, e em certa medida mesmo a dos sonhos, é um fingimento, algo não natural. Tome-se como exemplo o §11 desta Meditação: há uma credulidade natural, mas com uma forte determinação sigo "fingindo que todos esses pensamentos são falsos e imaginários".

8. Neste parágrafo e também no seguinte surge um contraponto à dúvida: mesmo que eu sonhe e em sonho represente alguma coisa, ao menos esta representação pressupõe a existência de algo verdadeiro, pois seu conteúdo nasceria da experiência com coisas "verdadeiras e existentes". O passo seguinte será semelhante: mesmo que o fato de eu possivelmente estar sonhando lance dúvida sobre a existência do mundo, não existem universais que são sempre verdadeiros? Igualmente, as verdades matemáticas parecem sempre verdadeiras; parece impossível um sonho em que 3 e 2 somassem 7.

formadas. Desse gênero de coisas é a natureza corpórea em geral e sua extensão, também a figura das coisas extensas, sua quantidade ou grandeza e seu número, bem como o lugar onde estão, o tempo que mede sua duração, e outras coisas semelhantes.

[8] Eis por que talvez não concluamos mal se dissermos 16
que a física, a astronomia, a medicina e todas as outras ciências que dependem da consideração das coisas compostas são muito duvidosas e incertas, mas que a aritmética, a geometria e as outras ciências dessa natureza, que só tratam de coisas muito simples e muito gerais, sem se preocuparem muito com se elas estão na natureza ou se não estão, contêm algo de certo e indubitável. Pois, esteja eu acordado ou dormindo, dois e três juntos sempre formarão o número cinco e o quadrado nunca terá mais de quatro lados; e não me parece possível que verdades tão aparentes possam ser suspeitas de alguma falsidade ou incerteza.

[9] Todavia, há muito tempo tenho em meu espírito certa opinião[9] de que há um Deus que pode tudo e por quem fui criado e produzido tal como sou. Ora, quem me pode assegurar que esse Deus não tenha feito com que não haja nenhuma terra, nenhum céu, nenhum corpo extenso, nenhuma figura, nenhuma grandeza, nenhum lugar, e que não obstante eu tenha os sentimentos de todas essas coisas[10], e que tudo isso não me pareça existir de modo diferente do que o vejo? E até, como por vezes julgo que os outros se equivocam, mesmo nas coisas que pensam saber com

9. Doravante passa a ser apresentado o conhecido argumento do Deus enganador ou gênio maligno, ausente do *Discurso do método*. A dúvida será conduzida ao limite, pondo sob suspeita até mesmo as matemáticas; a intenção é ir mais além na dúvida do que os próprios céticos e assim poder tolhê-las todas de vez.

10. Da última vírgula até aqui há um acréscimo da edição francesa.

a maior certeza, pode ocorrer que ele tenha querido que eu me engane todas as vezes que faço a adição de dois e três, ou que enumero os lados de um quadrado, ou que julgo alguma coisa ainda mais fácil, caso se possa imaginar algo mais fácil que isso. Mas talvez Deus não tenha querido que eu fosse ludibriado dessa forma, pois diz-se que é soberanamente bom. Todavia, se repugnasse à sua bondade ter-me feito tal que eu me enganasse sempre, isto pareceria também ser-lhe de alguma forma contrário, permitir que eu por vezes me engane, e não obstante não posso duvidar que ele o permita.

[10] Haverá talvez aqui pessoas que preferirão negar a
existência de um Deus tão poderoso a acreditar que todas
as outras coisas são incertas. Mas não lhes resistamos no
momento e suponhamos, em seu favor, que tudo o que é
dito aqui de um Deus seja uma fábula. Todavia, de qual-
quer forma suponham que eu tenha chegado ao estado e
ao ser que possuo, seja porque o atribuam a algum destino
ou fatalidade, seja porque o refiram ao acaso, seja porque
queiram que seja por uma contínua série e ligação das coi-
17 sas, é certo que, porquanto falhar e enganar-se é uma es-
pécie de imperfeição, quanto menos poderoso for o au-
tor que atribuírem à minha origem, tanto mais provável
será que eu seja de tal modo imperfeito que sempre me
engane. A tais razões nada tenho, por certo, a responder,
mas sou forçado a confessar que, de todas as opiniões que
outrora recebera em minha crença como verdadeiras, não
há uma da qual não possa agora duvidar, não por alguma
inconsideração ou leviandade, mas por razões muito for-
tes e maduramente consideradas; de sorte que é necessá-
rio que eu detenha e suspenda doravante meu juízo sobre
esses pensamentos e que não lhes dê mais crédito do que

daria a coisas que me parecessem evidentemente falsas, se desejo encontrar alguma coisa constante e segura nas ciências.

[11] Mas não basta ter feito essas observações, é preciso ainda que eu tome o cuidado de lembrar-me delas[11]; pois essas opiniões antigas e ordinárias ainda me voltam com frequência ao pensamento, o longo e familiar uso que tiveram comigo dando-lhes o direito de ocupar meu espírito mau grado meu e de se tornarem quase senhoras de minha crença. E nunca me desacostumarei de a isso aquiescer e de confiar nelas, enquanto as considerar tais como são de fato, a saber, de alguma forma duvidosa, como acabo de mostrar, e todavia muito prováveis, de sorte que se tem muito mais razão de acreditar nelas do que de negá-las. Eis por que penso que as usarei mais prudentemente se, tomando partido contrário, emprego todos meus cuidados em enganar a mim mesmo, fingindo que todos esses pensamentos são falsos e imaginários[11bis]; até que, tendo de tal modo balanceado meus prejuízos que eles não possam fazer meu parecer pender mais para um lado que para outro, meu juízo não seja mais, doravante, dominado por maus usos e desviado do caminho reto que o pode conduzir ao conhecimento da verdade. Pois estou seguro de que entretanto não pode haver perigo nem erro nesta via e de que hoje não poderia conceder em demasia à minha descon-

11. É de notar a luta entre as antigas opiniões e a dúvida construída pelo filósofo, cujo exercício depende da constante força da vontade, que desacata a credulidade natural e o assentimento ao que parece certo; a dúvida é, portanto, uma prática de liberdade no campo do conhecimento.

11 bis. Foi suprimida pelo francês uma partícula importante que marca a provisoriedade da dúvida, *aliquandiu*: fingindo *por algum tempo* que esses pensamentos são totalmente falsos e imaginários.

fiança, porquanto não se trata agora de agir, mas somente de meditar e de conhecer.

[12] Suporei, pois, que há não um verdadeiro Deus, que é a soberana fonte de verdade, mas certo gênio maligno[12], não menos astuto e enganador que poderoso, que empregou toda sua indústria em enganar-me. Pensarei que o céu, o ar, a terra, as cores, as figuras, os sons e todas as
18 coisas exteriores que vemos não passam de ilusões e enganos[13] de que se serve para surpreender minha credulidade. Considerarei a mim mesmo como não tendo mãos, nem olhos, nem carne, nem sangue, como não tendo nenhum sentido, mas crendo falsamente ter todas essas coisas. Permanecerei obstinadamente apegado a esse pensamento; e se, por esse meio, não está em meu poder alcançar o conhecimento de alguma verdade, pelo menos está em meu poder suspender meu juízo. Eis por que me guardarei cuidadosamente de receber em minha crença qualquer falsidade, e prepararei tão bem meu espírito para todas as astúcias desse grande enganador que, por mais poderoso e astuto que seja, jamais poderá impor-me nada.

[13] Mas esse desígnio é penoso e laborioso, e certa preguiça me arrasta insensivelmente a correr de minha vida ordinária. E, da mesma forma que um escravo que usufruía no sono uma liberdade imaginária, quando começa a suspeitar que sua liberdade é apenas um sonho, teme ser

....

12. No francês *mauvais génie*, malévolo gênio; foi seguido aqui, porém, o latim *genius malignus*, mais frequentemente utilizado. A substituição do Deus enganador pela hipótese do gênio não é vã: através das Objeções e de outros textos polêmicos, o filósofo será incessantemente acusado pela extravagância de seu argumento, que beiraria a impiedade.

13. Latim: *ilusões dos sonhos*.

acordado e conspira com essas ilusões agradáveis para ser mais longamente iludido por elas; assim, insensivelmente, volto a cair em minhas antigas opiniões, e receio acordar dessa sonolência por medo de que as laboriosas vigílias, que sucederiam à tranquilidade desse repouso, em vez de me trazerem alguma claridade e alguma luz no conhecimento da verdade, não sejam suficientes para aclarar todas as trevas das dificuldades que acabam de ser agitadas[14].

14. Os dois últimos parágrafos são, no original latino, mais sucintos, sem alguns desdobramentos do francês.

MEDITAÇÃO SEGUNDA

Da natureza do espírito humano e de que ele é mais fácil de conhecer do que o corpo[1]

[1] A Meditação que fiz ontem encheu-me o espírito de tantas dúvidas que doravante não está mais em meu poder esquecê-las. E, entretanto, não vejo de que forma poderei resolvê-las; e, como se de repente eu tivesse caído em águas muito profundas, estou de tal forma surpreso que não posso nem assegurar meus pés no fundo, nem nadar para sustentar-me em cima. Esforçar-me-ei, não obstante, e seguirei mais uma vez a mesma via em que entrara ontem, afastando-me de tudo aquilo em que possa imaginar
a menor dúvida, tal como se eu soubesse que isto fosse 19
absolutamente falso; e continuarei sempre nesse caminho até que tenha encontrado algo de certo ou, pelo menos, se não puder outra coisa, até que tenha aprendido certamente que não há nada de certo no mundo.

[2] Arquimedes, para tirar o globo terrestre de sua posição e transportá-lo para outro lugar, nada pedia senão um ponto que fosse fixo e assegurado. Assim, terei direito de

....

1. O primeiro título da Meditação era apenas "Do espírito humano" (*De mente humana*); ao que Descartes manda ajuntar o restante, *quod ipsa sit notior quam corpus*, "a fim de que não se acredite que quis aí provar a sua imortalidade [do espírito]"; cf. carta de 28-1-1641, AT III, 297.

conceber altas esperanças, se for feliz o bastante para encontrar somente uma coisa que seja certa e indubitável[2].

[3] Suponho, então, que todas as coisas que vejo são falsas; persuado-me de que nunca houve nada de tudo quanto minha memória repleta de mentiras me representa; penso não ter nenhum sentido; creio que o corpo, a figura, a extensão, o movimento e o lugar são apenas de ficções de meu espírito. O que então poderá ser considerado verdadeiro? Talvez nada mais, a não ser que não há nada de certo no mundo.

[4] Mas como é que sei se não há alguma outra coisa diferente daquelas que acabo de julgar incertas, da qual não se possa ter a menor dúvida? Não há algum Deus, ou alguma outra potência, que me ponha no espírito esses pensamentos? Isso não é necessário; pois talvez eu seja capaz de produzi-los por mim mesmo. Eu então, pelo menos, não sou algo? Mas já neguei que tivesse algum sentido ou algum corpo. Hesito, não obstante, pois o que resulta disso? Sou de tal forma dependente do corpo e dos sentidos que não posso existir sem eles? Mas persuadi-me de que não havia absolutamente nada no mundo, de que não havia nenhum céu, nenhuma terra, nenhum espírito, nenhum corpo; então não me persuadi também de que eu não existia? Decerto não, eu existia sem dúvida, se me persuadi ou se somente pensei algo[3]. Mas há um não sei qual enganador muito potente e muito astuto, que emprega toda sua indústria em enganar-me sempre. Não há dúvida, en-

....

2. O duvidar tem de levar-nos ao seu exato reverso, o indubitável; aí aparece não só a provisoriedade da dúvida como também seu fim: uma verdade primeira, um ponto fixo, a partir do qual se possa, mediante uma série de razões, alcançar outras verdades.

3. Acréscimo do francês: *ou se somente pensei algo.*

tão, de que eu sou, se ele me engana; e que me engane o quanto quiser, jamais poderá fazer com que eu não seja nada, enquanto eu pensar ser alguma coisa. De sorte que, após ter pensado bem nisso e ter cuidadosamente examinado todas as coisas, é preciso enfim concluir e ter por constante que esta proposição, *Eu sou, eu existo*, é necessariamente verdadeira todas as vezes que a pronuncio ou que a concebo em meu espírito[4].

[5] Porém, não conheço ainda com bastante clareza o que sou, eu que estou certo de que sou; de sorte que doravante cuidadosamente me guarde de tomar imprudentemente alguma outra coisa por mim, e assim equivocar-me 20
neste conhecimento, que sustento ser mais certo e mais evidente do que todos aqueles que tive anteriormente[5].

[6] É por isso que considerarei mais uma vez o que acreditava ser antes que entrasse nestes últimos pensamentos; e de minhas antigas opiniões suprimirei tudo o que pode ser combatido pelas razões que há pouco aleguei, de sorte que não permaneça precisamente nada senão o que é inteiramente indubitável. O que é então que acreditei ser até aqui? Sem dificuldade, pensei que era um homem. Mas o que é um homem? Direi que é um animal

....

4. Eis a primeira verdade, nascida do seio da dúvida mediante uma conversão: das coisas ao interior do próprio espírito; *mens in se conversa*, dizia o prefácio de Descartes. Mesmo que eu sempre me engane, ainda assim serei algo, e a partir daí, desse algo que sou e que haverá de ser investigado, será construído todo o percurso seguinte, especialmente as provas da existência de Deus. Na feliz expressão de Alain, estamos perante o "indubitável duvidar", que é o que o filósofo, a esta altura, descobre ser; de imediato, porém, vem a fragilidade e momentaneidade do conhecimento, verdadeiro só quando pronunciado, isto é, enquanto o exercício da dúvida é praticado. No *Discurso* e nos *Princípios de filosofia*, de 1644, aparece a fórmula *penso, logo existo*.

5. Latim: *ser o mais certo e evidente de todos*.

racional? Não, por certo, pois seria preciso depois investigar o que é animal, e o que é racional, e assim de uma só questão cairíamos sem perceber em uma infinidade de outras mais difíceis e embaraçosas e não gostaria de abusar do pouco tempo e do lazer que me resta empregando-o em desenredar semelhantes sutilezas[6]. Mas, antes, determe-ei em considerar aqui os pensamentos que até então nasciam por si mesmos em meu espírito e que me eram inspirados apenas por minha natureza, quando me aplicava à consideração de meu ser. Considerava-me, primeiramente, como tendo um rosto, mãos, braços e toda essa máquina composta de ossos e carne, tal como ela aparece em um cadáver, a qual eu designava pelo nome de corpo. Considerava, além disso, que me alimentava, que andava, que sentia e que pensava, e relacionava todas essas ações à alma[7]; mas não me detinha a pensar o que era essa alma, ou então, se me detinha, imaginava que ela era algo extremamente raro e sutil, como um vento, uma chama ou um ar muito leve, que estava insinuado e espalhado em minhas partes mais grosseiras[8]. No que tange ao corpo, não duvidava de modo algum de sua natureza; pois pensava conhecê-la muito distintamente e, se tivesse que-

....

6. A definição do homem como "animal racional" fazia parte da tradição escolástica. A via cartesiana, porém, é outra: cabe chegar a uma definição do *algo* que sou sem o amparo de quaisquer outras coisas senão as encontradas em mim mesmo, já que tudo o mais ainda está sob dúvida.

7. Para a tradição, a alma era não só o espírito, o pensamento, mas também o princípio da vida, e nesse sentido é possível dizer que dela depende o alimentar-se, o andar, etc.; pela purificação ora em curso, que reservará ao espírito só o pensamento, entende-se por que Descartes sempre tenha preferido *mens* ao tradicional termo *anima*.

8. Com o que por certo teríamos uma alma material, todo o contrário do que Descartes demonstrará: a absoluta incorporeidade do espírito humano.

rido explicá-la segundo as noções que dela possuía, tê-la-ia descrito desta forma: pelo corpo entendo tudo o que pode ser delimitado por alguma figura; que pode ser compreendido em algum lugar, e preencher um espaço de tal modo que todo outro corpo seja dele excluído; que pode ser sentido, ou pelo tato, ou pela vista, ou pela audição, ou pelo paladar, ou pelo olfato; que pode ser movido de várias formas, não por si mesmo, mas por alguma coisa alheia pela qual seja tocado e de que receba a impressão. Pois ter em si a potência de mover-se, de sentir e de pensar, eu não acreditava de modo algum que se devesse atribuir essas vantagens à natureza corpo-
ral; ao contrário, antes espantava-me por ver que seme- 21
lhantes faculdades se encontravam em certos corpos.

[7] Mas eu, o que sou eu, agora que suponho que há alguém que é extremamente potente e, se ouso dizer, malicioso e astuto, que emprega todas suas forças e toda sua indústria em me enganar?[9] Posso assegurar-me de ter a menor de todas as coisas que acima atribuí à natureza corporal? Detenho-me a pensar nisso com atenção, passo e repasso todas essas coisas em meu espírito, e não encontro nenhuma que eu possa dizer estar em mim. Não é necessário que me detenha a enumerá-las. Passemos então aos atributos da alma, e vejamos se há alguns que estejam em mim. Os primeiros são alimentar-me e andar; mas, se é verdade que não tenho corpo, é verdade também que não posso andar nem me alimentar. Um outro é sentir; mas também não se pode sentir sem o corpo: além do quê,

....

9. Latim: *em me enganar em tudo quanto pode*. A partir daqui é observável o retorno da dúvida, que, por meio da negação de tudo o que não é essencial ao espírito, embora às vezes a ele atribuído por uma opinião ingênua, deverá chegar à essência desse *eu* que duvida e apreende-se como coisa pensante.

pensei sentir outrora várias coisas durante o sono, que reconheci ao despertar não ter de fato sentido. Um outro é pensar; e noto aqui que o pensamento é um atributo que me pertence. Só ele não pode ser desprendido de mim. *Eu sou, eu existo*: isto é certo; mas por quanto tempo? A saber, durante o tempo em que penso; pois talvez pudesse ocorrer, se eu cessasse de pensar, que cessasse ao mesmo tempo de ser ou de existir. Não admito agora nada que não seja necessariamente verdadeiro: não sou, então precisamente falando, senão uma coisa que pensa, ou seja, um espírito, um entendimento ou uma razão, que são termos cujo significado era-me anteriormente desconhecido. Ora, eu sou uma coisa verdadeira e verdadeiramente existente; mas que coisa? Disse-o: uma coisa que pensa. E que mais? Excitarei ainda minha imaginação para procurar se não sou algo mais[10]. Não sou esse conjunto de membros, a que chamam o corpo humano; não sou um ar leve e penetrante, espalhado em todos esses membros; não sou um vento, um sopro, um vapor, nem nada de tudo o que posso fingir e imaginar, já que supus que tudo isso nada era e que, sem mudar essa suposição, noto que não deixo de estar certo de que sou alguma coisa.

[8] Mas também pode acontecer que essas mesmas coisas, que suponho não existirem, porque me são desconhecidas, não sejam de fato diferentes de mim, que eu conheço?[11] Nada sei sobre isso; não disputo isso agora, posso apenas dar meu juízo das coisas que me são conhecidas: reconheci que eu era, e procuro o que sou, eu
22 que reconheci ser. Ora, é muito certo que essa noção e conhecimento de mim mesmo, assim precisamente toma-

....

10. *Para procurar se não sou algo mais* acrescido pelo francês.

11. Latim: *diferentes deste eu que conheço?*

do[12], não depende das coisas cuja existência ainda não me é conhecida[13]; nem, por conseguinte, e com mais forte razão, de nenhuma daquelas que são fingidas e inventadas pela imaginação. E mesmo esses termos fingir e imaginar advertem-me de meu erro; pois eu fingiria, de fato, se imaginasse ser alguma coisa, porquanto imaginar não é outra coisa senão contemplar a figura ou a imagem de uma coisa corporal. Ora, sei já certamente que sou, e que simultaneamente pode ocorrer que todas essas imagens e, de modo geral, todas as coisas que se relacionam com a natureza do corpo sejam apenas sonhos ou quimeras. Na sequência do que vejo claramente que eu teria tão pouca razão dizendo: excitarei minha imaginação para conhecer mais distintamente o que sou, que se dissesse: estou agora acordado e percebo algo de real e verdadeiro; mas, porque não o percebo ainda assaz nitidamente, adormecerei de propósito, a fim de que meus sonhos me representem isso mesmo com mais verdade e evidência. E, assim, reconheço certamente que nada de tudo o que posso compreender por meio da imaginação pertence a esse conhecimento que tenho de mim mesmo, e que é necessário lembrar e desviar o espírito dessa forma de conceber, a fim de que ele próprio possa reconhecer bem distintamente sua natureza.

[9] Mas o que é que sou então? Uma coisa que pensa. O que é uma coisa que pensa? Isto é uma coisa que duvida, que concebe, que afirma, que nega, que quer, que não

....

12. Latim: *a noção de ser assim precisamente tomado.*

13. A ordem das razões não permitiria que o conhecimento de mim mesmo fosse aclarado por algo ainda desconhecido; daí o *precisamente tomado* posto logo acima: o conhecimento que tenho de mim mesmo faz abstração de tudo o mais para não levar em conta senão o que me é essencial.

quer, que imagina também e que sente[14]. Por certo não é pouco se todas essas coisas pertencem à minha natureza. Mas por que não lhe pertenceriam? Não sou ainda esse mesmo que duvida de quase tudo, que, não obstante, entende e concebe certas coisas, que assegura e afirma serem só essas verdadeiras, que nega todas as outras, que quer e deseja conhecer ainda mais, que não quer ser enganado, que imagina muitas coisas, por vezes até a despeito de que eu tenha e sinta também muitas delas, como que por intermédio dos órgãos do corpo? Há algo nisso tudo que seja tão verdadeiro quanto é certo que sou e que existo, ainda que sempre dormisse e que aquele que me deu o ser se servisse de todas suas forças para iludir-me? Há algum desses atributos que possa ser distinguido de meu pensamento ou que possam dizer ser separado de mim mesmo? Pois é por si tão evidente que sou eu quem duvida, entende e deseja que não é aqui necessário acrescentar nada para explicá-lo. E certamente tenho também
23 a potência de imaginar; pois, ainda que possa acontecer (como supus anteriormente) que as coisas que imagino não sejam verdadeiras, não obstante essa potência de imaginar não deixa de estar realmente em mim, e faz parte de meu pensamento. Enfim, sou o mesmo que sente, ou seja, que recebe e conhece as coisas como que pelos órgãos dos sentidos, porquanto de fato vejo a luz, ouço o ruído, sinto o calor. Porém, dir-me-ão que essas aparências são falsas e que durmo. Que seja assim; todavia, pelo me-

14. Este conjunto de ações aparentemente dispersas pode ser reportado ao pensamento; pensar é não só entender, mas também querer, afirmar, negar, etc. Tais formas são modos de pensar e unificam-se na coisa pensante. Observe-se, porém, que aqui não está em questão o conteúdo das ações, *o que* afirmo, *o que* nego, mas apenas o próprio *ato* pelo qual o pensamento manifesta-se.

nos, é muito certo que me parece que vejo, que ouço e que me aqueço; e é propriamente o que em mim se chama sentir, e isso, tomado precisamente assim, nada mais é do que pensar. Daí começo a conhecer o que sou, com um pouco mais de luz e distinção do que antes.

[10] Porém, não posso impedir-me de crer que as coisas corporais, cujas imagens se formam por meu pensamento, e que caem sob os sentidos, não sejam conhecidas mais distintamente do que essa não sei que parte de mim mesmo que não cai sob a imaginação; conquanto, de fato, seja algo bem estranho que coisas que acho duvidosas e distantes sejam mais clara e mais facilmente conhecidas por mim do que aquelas que são verdadeiras e certas e que pertencem à minha própria natureza. Mas vejo bem o que é: meu espírito se compraz em divagar e ainda não pode conter-se nos justos limites da verdade[15]. Soltemos-lhe então, ainda uma vez, as rédeas, a fim de que, vindo em seguida retirá-las suave e oportunamente, possamos regrá-lo e conduzi-lo mais facilmente[16].

[11] Comecemos pela consideração das coisas mais comuns, e que cremos compreender mais distintamente, a saber, os corpos que tocamos e que vemos. Não pretendo falar dos corpos em geral, pois essas noções gerais são de ordinário mais confusas, mas de algum deles em particular. Tomemos como exemplo este pedaço de cera que acaba de ser tirado da colmeia; ainda não perdeu a doçura do mel que continha, ainda retém algo do aroma das flores

....

15. Como na Meditação Primeira, o espírito resiste a desprender-se dos prejuízos, a abandonar os sentidos e a imaginação. As *Meditações* são todas elas pautadas por essa luta.

16. Ou seja, num rápido desvio retorno ao sensível, a cera, mas só para que ao cabo da análise retome o percurso com renovado vigor.

de que foi recolhido; sua cor, sua figura, sua grandeza são aparentes; é duro, é frio, se o toca e, se baterdes nele, produzirá algum som. Enfim, todas as coisas que podem fazer conhecer distintamente um corpo encontram-se neste.

[12] Mas eis que, enquanto falo, é aproximado do fogo: o que nele restava de sabor se exala, o aroma esvanece, sua cor muda, sua figura se perde, sua grandeza aumenta,
24 torna-se líquido, aquece-se, mal se pode tocá-lo e, embora se bata nele, não produzirá mais nenhum som. Permanece a mesma cera depois dessa mudança? É preciso admitir que permanece, e ninguém o pode negar[17]. Então, o que se conhecia com tanta distinção nesse pedaço de cera? Por certo não pode ser absolutamente nada de tudo o que nele observei por intermédio dos sentidos, porquanto todas as coisas que caíam sob o paladar, ou o olfato, ou a visão, ou o tato, ou a audição, acham-se mudadas, e no entanto a mesma cera permanece[18]. Talvez fosse o que penso agora, a saber, que a cera[19] não era nem essa doçura do mel, nem esse agradável aroma das flores, nem essa brancura, nem essa figura, nem esse som, mas somente um corpo que um pouco antes me aparecia sob essas formas, e que agora se faz observar sob outras. Mas que é, falando precisamente, que imagino quando a concebo desse modo? Consideremo-lo atentamente e, afastando todas as coisas que não pertencem à cera, vejamos o que resta. Por certo nada mais permanece senão algo de extenso, flexível e mutável. Ora, o que é isso: flexível e mutável? Será que imagino que essa cera, sendo redonda, é capaz de ficar

17. Latim: *ninguém nega, ninguém pensa de outra forma.*

18. Latim: *a cera permanece.*

19. Latim: *a própria cera.*

quadrada e de passar do quadrado para uma figura triangular? Não, por certo, não é isso, já que a concebo capaz de receber uma infinidade de mudanças semelhantes[20], e eu não poderia, entretanto, percorrer essa infinidade com minha imaginação, e, por conseguinte, essa concepção que tenho da cera não se realiza pela faculdade de imaginar[21].

[13] O que é, agora, essa extensão? Ela também não é desconhecida, já que na cera que se funde ela aumenta e fica ainda maior quando está inteiramente fundida, e muito mais ainda quando o calor aumenta mais? E eu não conceberia claramente e segundo a verdade o que é a cera, se não pensasse que ela é capaz de receber mais variedades segundo a extensão do que jamais imaginei. É preciso então estar de acordo que eu não poderia mesmo conceber pela imaginação o que é essa cera e que apenas o meu só entendimento o concebe[22]. Digo esse pedaço de cera em particular, pois, quanto à cera em geral, é ainda mais evidente. Ora, qual é esta cera, que só pode ser concebida pelo entendimento ou pelo espírito? Por certo é a mesma que vejo, que toco, que imagino, e a mesma que eu conhecia desde o começo. Mas o que é de assinalar, sua percepção, ou então a ação pela qual se a percebe[23], não é uma visão, nem um toque, nem uma imaginação, e nunca o foi, conquanto o parecesse anteriormente, mas

....

20. Latim: *já que compreendo que ela é capaz de inumeráveis mudanças deste tipo.*

21. Tenho uma *concepção*, uma *compreensão* (como diz o latim) da cera, e não uma imagem; a identidade não me é dada pela imaginação, mas sim pela ação do entendimento, o qual forma uma ideia da cera, indispensável para que se possa falar em conhecimento.

22. Latim: *que o percebo pelo só espírito.*

23. Acréscimo do francês: *ou então a ação pela qual se a percebe.*

somente uma inspeção do espírito[24], a qual pode ser imperfeita e confusa, como era anteriormente, ou então clara e distinta[25], como é no presente, segundo minha atenção se volte mais ou menos para as coisas que nela estão e de que é composta.

[14] No entanto, não deixo de me espantar quando considero o quanto meu espírito tem de fraqueza e de pendor que o leva insensivelmente ao erro. Pois ainda que sem falar eu considere tudo isso em mim mesmo, as palavras todavia me detêm, e sou quase enganado pelos termos da linguagem ordinária; pois dizemos que vemos a mesma cera, se nos é apresentada, e não que julgamos que é a mesma, pelo fato de ter a mesma cor e a mesma figura; daí eu gostaria de quase concluir que se conhece a cera pela visão dos olhos, e não pela só inspeção do espírito, se por acaso eu não olhasse de uma janela homens que passam na rua, à vista dos quais não deixo de dizer que vejo homens, assim como digo que vejo cera; e, no entanto, o que vejo desta janela senão chapéus e capotes, que podem cobrir espectros ou homens fictícios que só se mexem mediante molas?[26] Mas julgo que são homens verdadeiros e, assim, compreendo, pela só potência de julgar que reside em meu espírito, o que acreditava ver com meus olhos[27].

[15] Um homem que trata de elevar seu conhecimento para além do comum deve ter vergonha de tirar das oca-

....

24. Latim: *inspeção do só espírito.*

25. Claro é o que é presente e manifesto a um espírito atento; nítido, o que é totalmente claro e que pode ser distinguido de qualquer outra coisa.

26. Latim: *cobrir autômatos.*

27. Tal como pela análise da cera, em que encontramos não a imaginação, mas o entendimento e sua capacidade de conhecer; aqui não é a ação de ver, o sentido da visão, o que é encontrado, mas a capacidade de julgar, também pertencente ao pensamento.

siões de duvidar formas e termos de falar do vulgo; prefiro seguir em frente e considerar se eu concebia com mais evidência e perfeição o que era a cera, quando a percebi no início e acreditei conhecê-la por meio dos sentidos exteriores, ou pelo menos do senso comum, assim como é chamado, ou seja, da potência imaginativa, do que a concebo presentemente, depois de ter examinado mais exatamente o que ela é e de que forma pode ser conhecida. Por certo seria ridículo colocar isso em dúvida. Pois, o que havia nessa primeira percepção que fosse distinto e evidente, e que não pudesse cair do mesmo modo sob o sentido do menor dos animais? Mas, quando distingo a cera de suas formas exteriores e que, tal como se eu lhe tivesse tirado as vestes, considero-a toda nua, por certo, embora ainda se possa encontrar algum erro em meu juízo, não a posso conceber desse modo sem um espírito humano.

[16] Mas, enfim, o que direi desse espírito, ou seja, de mim mesmo? Pois até aqui não admito em mim outra coisa senão um espírito. Que pronunciarei, digo eu, sobre mim que pareço conceber com tanta nitidez e distinção esse pe- 26
daço de cera? Não conheço a mim mesmo, não somente com bem mais verdade e certeza, mas ainda com muito mais distinção e nitidez? Pois se julgo que a cera é, ou existe, pelo fato de eu a ver, por certo disso se segue muito mais evidentemente que eu sou, ou que eu mesmo existo, pelo fato de eu a ver. Pois pode ocorrer que o que vejo não seja, de fato, cera; pode ocorrer também que eu nem sequer tenha olhos para ver alguma coisa; mas não pode ocorrer que, quando vejo, ou (o que não distingo não) quando penso ver, que eu que penso não seja alguma coisa. Assim também, se julgo que a cera existe, porque a toco, disso se seguirá ainda a mesma coisa, a saber, que eu sou; e, se o julgo pelo fato de que minha imaginação me

persuade disso, ou por qualquer outra causa que seja, concluirei sempre a mesma coisa. E o que observei aqui da cera pode aplicar-se a todas as outras coisas que me são exteriores e que se encontram fora de mim[28].

[17] Ora, se a noção ou o conhecimento da cera parece ser mais nítido e mais distinto depois que ela foi descoberta não somente pela vista ou pelo tato, mas ainda por muitas outras causas, com muito mais evidência, distinção e nitidez, não devo conhecer a mim mesmo, porquanto todas as razões que servem para conhecer e conceber a natureza da cera, ou de qualquer outro corpo, provam muito mais facilmente e mais evidentemente a natureza de meu espírito? E encontram-se ainda tantas outras coisas no próprio espírito que podem contribuir para o esclarecimento de sua natureza, que aquelas que dependem do corpo[29], como esta, quase não merecem ser enumeradas.

[18] Mas, enfim, eis-me insensivelmente de volta onde queria; pois, já que é uma coisa que me é presentemente conhecida, que, a falar propriamente, conhecemos os corpos[30] apenas pela faculdade de entender que está em nós, e não pela imaginação nem pelos sentidos, e que não os conhecemos pelo fato de os vermos, ou de os tocarmos, mas somente pelo fato de os concebermos pelo pensamento, conheço evidentemente que não há nada

28. Confirma-se, pois, amparado nas análises anteriores, o que era afirmado pelo título da Meditação: o espírito "é mais fácil de conhecer do que o corpo". Não está em questão a existência da cera, pois ainda não sei se existem coisas materiais; porém, se existissem, certamente para percebê-las seria necessário que eu existisse. Na ordem do conhecimento, a afirmação *eu existo* precede a afirmação *eu vejo*; antes de afirmar a existência de qualquer coisa, cabe afirmar minha própria existência.

29. Latim: *que emanam do corpo para ela* (a alma).

30. Latim: *os corpos mesmos.*

que me seja mais fácil de conhecer do que meu espírito. Mas, porque é quase impossível desfazer-se tão prontamente de uma opinião antiga, será bom que me detenha um pouco neste ponto, a fim de que, pela amplitude de minha meditação, eu imprima mais profundamente em minha memória esse novo conhecimento.

De Deus; que ele existe

[1] Agora fecharei os olhos, taparei os ouvidos, distrairei todos os meus sentidos, até apagarei de meu pensamento todas as imagens das coisas corporais, ou, pelo menos, porque é difícil fazer isso, eu as reputarei como vãs e falsas; e assim, entretendo-me somente comigo mesmo, e considerando meu interior, tratarei de tornar-me pouco a pouco mais conhecido e mais familiar a mim mesmo. Sou uma coisa que pensa, ou seja, que duvida, que afirma, que nega, que conhece poucas coisas, que ignora muitas, que ama, que odeia, que quer, que não quer, que imagina também e que sente[1]. Pois, assim como observei anteriormente, embora as coisas que sinto e imagino talvez não sejam absolutamente nada fora de mim e em si mesmas, estou certo, não obstante, de que essas maneiras de pensar a que chamo sentimentos e imaginações, somente na medida em que são maneiras de pensar, residem e se encontram certamente em mim. E, nesse pouco que acabo de dizer, creio ter relatado tudo o que sei verdadeiramente, ou pelo menos tudo o que até agora notei que sabia.

....

1. Acréscimo do francês: *que ama, que odeia.*

[2] Agora considerarei mais exatamente se não se encontram em mim, talvez, outros conhecimentos que eu ainda não tenha percebido. Estou certo de que sou uma coisa que pensa; mas então não sei também o que se requer para deixar-me certo de alguma coisa? Nesse primeiro conhecimento, não se encontra nada além de uma clara e distinta percepção daquilo que conheço; a qual, na verdade, não seria suficiente para assegurar-me de que é verdadeira[2], se um dia pudesse acontecer que uma coisa que eu concebesse assim, clara e distintamente, viesse a ser falsa. E, portanto, parece-me que já posso estabelecer como regra geral que as coisas que concebemos muito clara e muito distintamente são todas verdadeiras.

[3] Todavia, recebi e admiti anteriormente várias coisas como muito certas e muito manifestas, as quais, não obstante, reconheci depois serem duvidosas e incertas. Quais eram, pois, essas coisas? Eram a terra, o céu, os astros e to-
28 das as outras coisas que eu percebia por intermédio dos meus sentidos. Ora, o que eu concebia clara e distintamente nelas? Por certo nada além de que as ideias ou os pensamentos dessas coisas se apresentavam ao meu espírito[3]. E ainda no presente não nego que essas ideias encontrem-se em mim. Mas havia ainda uma outra coisa que eu assegurava e que, por causa do hábito que eu tinha de nela acreditar, pensava perceber muito claramente, embo-

....

2. Latim: *para deixar certo da verdade da coisa.*

3. Uma ideia, como define Descartes nas Segundas Respostas, é a "forma de cada um de nossos pensamentos por cuja percepção imediata temos consciência desses mesmos pensamentos"; é uma representação mental e por intermédio dela o pensamento é enviado a si mesmo, como produtor da ideia, e ao objeto por ela referido. O problema da Meditação é saber se os objetos representados são verdadeiros ou são meramente ilusórios; em suma, o que garantirá que o objeto da ideia existe de fato?

ra verdadeiramente não a percebesse, a saber: havia coisas fora de mim das quais procediam essas ideias e às quais elas eram totalmente semelhantes. E era nisso que me enganava; ou, se talvez eu julgasse segundo a verdade, não havia nenhum conhecimento que eu tivesse que seria a causa da verdade de meu juízo.

[4] Porém, quando eu considerava alguma coisa de muito simples e de muito fácil relativa à aritmética e à geometria, por exemplo que dois e três juntos produzem o número cinco, e outras coisas semelhantes, não as concebia ao menos com clareza o bastante para afirmar que eram verdadeiras? Por certo, se julguei depois que se podia duvidar dessas coisas, não foi por outra razão senão porque me vinha ao espírito que talvez algum Deus tivesse podido me dar uma natureza tal que eu me enganasse mesmo no tocante às coisas que me parecem mais manifestas. Mas, todas as vezes que esta opinião, anteriormente concebida, da soberana potência de um Deus se apresenta ao meu pensamento, sou constrangido a confessar que lhe é fácil, se ele o quiser, fazer com que eu me iluda, mesmo nas coisas que creio conhecer com enorme evidência[4]. E, ao contrário, todas as vezes que me volto para as coisas que penso conceber muito claramente, sou de tal modo persuadido por elas que, por mim mesmo, me deixo levar a estas palavras: engane-me quem puder, seja como for nunca poderá fazer com que eu nada seja enquanto eu pensar ser alguma coisa; ou que algum dia seja verdadeiro que eu nunca tenha sido, sendo verdadeiro agora que eu sou; ou então que dois e três juntos formem mais ou

4. Latim: *que creio intuir quão evidentissimamente é possível pelos olhos da mente.*

menos do que cinco, ou coisas semelhantes, que vejo claramente não poderem ser de forma diferente da que eu as concebo.

[5] E, por certo, já que não tenho nenhuma razão de crer que haja algum Deus que seja enganador, e mesmo que ainda não tenha considerado as que provam que há um Deus, a razão de duvidar que depende somente dessa opinião é bem tênue e, por assim dizer, metafísica. Mas, a fim de poder suprimi-la totalmente, devo examinar se há um Deus, tão logo se apresente a ocasião; e, se achar
29 que o há, devo também examinar se ele pode ser enganador; pois, sem o conhecimento dessas duas verdades, não vejo que possa jamais estar certo de alguma coisa[5]. E, a fim de que possa ter ocasião de examinar isso sem interromper a ordem de meditar que me propus, que é de passar por graus das noções que encontrar primeiro em meu espírito para aquelas que nele poderei encontrar depois[6], é preciso dividir aqui todos os meus pensamentos em certos gêneros e considerar em quais desses gêneros há propriamente verdade ou erro.

[6] Entre meus pensamentos, alguns são como as imagens das coisas, e é apenas a estes que convém propriamente o nome de ideia: como quando me represento um homem, ou uma quimera, ou o céu, ou um anjo, ou mesmo Deus. Outros, além disso, têm algumas outras formas: como, quando quero, que temo, que afirmo ou que nego, concebo bem então alguma coisa como o sujeito da ação de meu espírito, mas acrescento também alguma outra coi-

5. Latim: *pois ignorada essa coisa, não parece que eu possa algum dia estar completamente certo de qualquer outra coisa.*

6. Do início do período até aqui tem-se um desdobramento do que o latim dizia sucintamente: *Agora a ordem parece exigir.*

sa, por esta ação, à ideia que tenho daquela coisa; e, desse gênero de pensamentos, uns são denominados vontades ou afecções e os outros, juízos.

[7] Agora, quanto ao que concerne às ideias, se são consideradas somente em si mesmas, e se não são relacionadas a alguma outra coisa, elas não podem, para falar propriamente, serem falsas; pois, seja que eu imagine uma cabra ou uma quimera, não é menos verdadeiro que eu imagino tanto uma quanto a outra.

[8] Não é preciso temer também que se possa encontrar falsidade nas afecções ou vontades; pois, ainda que eu possa desejar coisas más, ou mesmo que nunca existiram, nem por isso, todavia, é menos verdadeiro que eu as desejo.

[9] Assim, já não restam senão os juízos, nos quais devo guardar-me cuidadosamente de me enganar. Ora, o principal erro e o mais ordinário que se pode aí encontrar consiste em que eu julgue que as ideias que estão em mim são semelhantes ou conformes a coisas que estão fora de mim; pois, certamente, se eu considerasse as ideias somente como certos modos ou formas de meu pensamento, sem querer relacioná-las a alguma outra coisa exterior, mal poderiam elas dar-me ocasião de falhar[7].

[10] Ora, dessas ideias, umas parecem-me ter nascido comigo, outras me ser estranhas e vir de fora, e as outras

....

7. Descartes distinguiu a ideia e o conteúdo da ideia, ou seja, o que é representado por ela. Todos os pensamentos, todas as ideias são igualmente verdadeiros na medida em que reenviam à coisa pensante; porém o juízo (quando a uma ideia é acrescentada uma afirmação ou negação), pode ser verdadeiro ou falso; a questão que se põe é saber com que direito se daria crédito ao juízo de que existem coisas exteriores ao eu pensante.

feitas e inventadas por mim mesmo[8]. Pois, que eu tenha a faculdade de conceber o que é isso que em geral se nomeia uma coisa, ou uma verdade, ou um pensamento, parece-me que não o tenho de outro lugar senão apenas de minha natureza própria; mas, se ouço agora algum ruído, se vejo o sol, se sinto calor, até esta hora julguei que tais sentimentos procediam de algumas coisas que existem fora de mim; e, enfim, parece-me que as sereias, os hipogrifos e todas as outras quimeras semelhantes são ficções e invenções de meu espírito. Mas também, talvez, possa persuadir-me de que todas essas ideias são do gênero das que chamo de estranhas, e que vêm de fora, ou então que todas nasceram comigo, ou então que todas foram feitas por mim; pois ainda não lhes descobri claramente a verdadeira origem. E o que tenho de fazer principalmente nesse ponto é considerar, no tocante àquelas que me parecem vir de alguns objetos que estão fora de mim, quais são as razões que me obrigam a crê-las semelhantes a esses objetos.

[11] A primeira dessas razões é que me parece que isso é ensinado pela natureza; e a segunda, que experimento em mim mesmo que essas ideias não dependem de minha vontade[9]; pois amiúde elas se apresentam a mim mau grado meu, como agora, quer queira, quer não queira, sinto calor, e por causa disso me persuado de que esse sentimento, ou seja, essa ideia do calor é produzida em mim por uma coisa diferente de mim, a saber, pelo calor do fogo junto do qual me encontro. E nada vejo que me pareça mais razoável do que julgar que essa coisa estranha envia e imprime em mim mais sua semelhança do que qualquer outra coisa.

8. Segundo o latim, ideias *inatas*, *adventícias* e *feitas por mim*.

9. Latim: *de minha vontade nem, por conseguinte, de mim mesmo*.

[12] Agora é preciso que eu veja se essas razões são bastante fortes e convincentes. Quando digo que me parece que isso me é ensinado pela natureza, entendo somente, pela palavra natureza, uma certa inclinação que me leva a acreditar nessa coisa, e não uma luz natural que me faça conhecer que ela é verdadeira. Ora, essas duas coisas diferem muito entre si, pois eu não poderia pôr em dúvida nada do que a luz natural me faz ver ser verdadeiro, assim como há pouco me fez ver que, do fato de eu duvidar, eu podia concluir que eu era. E não tenho em mim nenhuma outra faculdade, ou potência, para distinguir o verdadeiro do falso[10], que possa ensinar-me que o que essa luz me mostra como verdadeiro não o é, e em que possa confiar tanto quanto nela. Mas, no que tange às inclinações que me parecem também me serem naturais, notei frequentemente, quando se tratou de escolher entre as virtudes e os vícios, que elas não me levaram menos ao mal do que ao bem; é por que também não tenho motivo para segui-las tampouco no que diz respeito ao verdadeiro e ao falso[11].

[13] E, quanto à outra razão, a de que essas ideias de- 31
vem vir de outro lugar, uma vez que não dependem de
minha vontade, tampouco a acho convincente. Pois, do
mesmo modo que tais inclinações, de que falava ainda
agora, encontram-se em mim, conquanto nem sempre con-
cordem com minha vontade, assim talvez haja em mim al-
guma faculdade ou potência própria para produzir essas
ideias sem a ajuda de nenhuma coisa exterior[12], se bem que
ela ainda não me seja conhecida; como de fato sempre me

....

10. Acréscimo do francês: *ou potência, para distinguir o verdadeiro do falso.*

11. Latim: *no que diz respeito a nenhuma outra coisa.*

12. Acréscimo do francês: *sem a ajuda de nenhuma coisa exterior.*

pareceu até aqui que, quando durmo, elas se formam em mim sem a ajuda dos objetos que representam. E, por fim, ainda que eu concordasse que elas são causadas por esses objetos, não é uma consequência necessária que devam ser semelhantes a eles. Ao contrário, frequentemente notei, em muitos exemplos, que havia grande diferença entre o objeto e sua ideia. Como, por exemplo, encontro em meu espírito duas ideias do Sol totalmente diversas: uma tira sua origem dos sentidos, e deve ser colocada no gênero daquelas que eu disse acima virem de fora, pela qual ele me parece extremamente pequeno; a outra é tomada das razões da astronomia, isto é, de certas noções nascidas comigo, ou, enfim, é formada por mim mesmo, seja de que maneira for, pela qual ele me parece várias vezes maior do que a Terra inteira. Por certo, essas duas ideias que concebo do Sol não podem ser, ambas, semelhantes ao mesmo sol; e a razão me faz crer que aquela que vem imediatamente de sua aparência[13] é a que lhe é mais dessemelhante.

[14] Tudo isso me faz conhecer suficientemente que até agora não foi por um juízo certo e premeditado, mas somente por um cego e temerário impulso, que acreditei que havia coisas fora de mim, e diferentes de meu ser, que, pelos órgãos de meus sentidos ou por algum outro meio que possa existir, enviavam-me suas ideias ou imagens e em mim imprimiam suas semelhanças[14].

....

13. Latim: *aquela que parece dele ter emanado quão imediatamente é possível.*

14. A análise da origem das ideias é pois fracassada. De ordinário, é dado grande valor às ideias que nos são estranhas, adventícias, ou seja, recebidas por meio dos sentidos; no entanto, como comprovar a veracidade dessas ideias e assim seu acordo com o objeto se neste momento ainda a dúvida paira sobre as coisas todas? A crítica cartesiana ao assentimento ligeiro às ideias que chegam

[15] Mas apresenta-se ainda outra via para investigar se, entre as coisas cujas ideias tenho em mim, há algumas que existem fora de mim. A saber, se tais ideias são tomadas apenas na medida em que são de certas formas de pensar, não reconheço entre elas nenhuma diferença ou desigualdade, e todas parecem proceder de mim de uma mesma maneira; mas, considerando-as como imagens, das quais umas representam uma coisa e as outras uma outra, é evidente que são muito diferentes umas das outras. Pois, de 32
fato, aquelas que me representam substâncias são, sem dúvida, algo a mais e contêm em si (por assim falar) mais realidade objetiva, ou seja, participam por representação em mais graus de ser ou de perfeição do que as que me representam somente modos ou acidentes[15]. Ademais, aquela pela qual concebo um Deus soberano, eterno, infinito, imutável, onisciente, onipotente e criador universal de todas as coisas que estão fora dele; aquela, digo, tem certamente em si mais realidade objetiva do que aquelas pelas quais as substâncias finitas me são representadas.

[16] Agora, é coisa manifesta pela luz natural que deve haver pelo menos tanta realidade na causa eficiente e total quanto em seu efeito; pois, de onde o efeito pode ti-

....

pelos sentidos (§§ 12-13) acaba por reforçar a força persuasiva das ideias não sensíveis; por exemplo: a ideia do Sol formada pela ciência é mais coerente que a ideia do Sol recebida mediante os sentidos. Daqui por diante uma outra via de análise será seguida.

15. *Realidade objetiva* é o termo escolástico que designa o conteúdo representativo da ideia, isto é, o ser de uma coisa enquanto ele está na ideia. A atenção, agora, será voltada para o conteúdo das ideias. Toda ideia contém em menor ou maior grau uma certa realidade objetiva e esta deve ser pesquisada, pois de acordo com esse conteúdo tornam-se diferentes ideias que, de outro modo consideradas, são idênticas.

rar sua realidade senão de sua causa? E como esta causa poderia comunicá-la a ele se não a tivesse em si mesma?

[17] E daí resulta não somente que o nada não poderia produzir coisa alguma, mas também que o que é mais perfeito, ou seja, que contém em si mais realidade, não pode ser uma consequência e uma dependência do menos perfeito. E esta verdade não é somente clara e evidente nos efeitos que têm a realidade esta que os filósofos chamam atual ou formal[16], mas também nas ideias em que se considera somente a realidade que eles nomeiam objetiva. Por exemplo, a pedra que ainda não existiu, não somente não pode agora começar a existir, se não é produzida por uma coisa que possui em si formalmente, ou eminentemente[17], tudo o que entra na composição da pedra, ou seja, que contenha em si as mesmas coisas ou outras mais excelentes do que aquelas estão na pedra[18], e o calor não pode ser produzido num sujeito que antes era privado dele, a não ser por uma coisa que seja de uma ordem, de um grau ou de um gênero ao menos tão perfeito quanto o calor, e assim por diante. Mas ainda, além disso, a ideia do calor, ou da pedra, não pode existir em mim se não foi pos-

....

16. *Realidade formal* é a realidade da própria coisa considerada como algo que existe atualmente; e dessa forma opõe-se à realidade objetiva, referente à ideia da coisa. O francês é que acrescenta *que os filósofos chamam*, o que mostra bem o espírito da tradução, que, como advertido na nota inicial do livreiro, quer fugir da língua escolar e por isso serve-se de uma série de interpolações cujo objetivo é explicitar o conteúdo de certos termos técnicos ou dar-lhes a ver tais.

17. Conter algo *formalmente* é conter a coisa realmente tal como ela é definida; conter *eminentemente* é, sendo o continente superior à coisa contida, contê-la em potência ou virtualmente, mas não formalmente. É desse modo que se diz que Deus contém a extensão, embora seja ele um ser não extenso.

18. De *ou seja* até aqui há um acréscimo do francês.

ta por alguma causa que contenha em si pelo menos tanta realidade quanto concebo no calor ou na pedra. Pois, ainda que esta causa não transmita para minha ideia coisa alguma de sua realidade atual ou formal, não se deve por isso imaginar que essa causa deva ser menos real; mas deve-se saber que, toda ideia sendo uma obra do espírito[19], sua natureza é tal que ela não requer de si nenhuma outra realidade formal além daquela que recebe e retira do pensamento ou do espírito, do qual ela é somente um modo, ou seja, uma maneira ou forma de pensar. Ora, a fim de que uma ideia contenha uma tal realidade objetiva e não
outra, ela deve, sem dúvida, ter isso de alguma causa, na 33
qual se encontra pelo menos tanta realidade formal[20] quanto esta ideia contém de realidade objetiva. Pois, se supomos que se ache algo na ideia que não se encontre em sua causa, é preciso então que ela tenha isso do nada; mas, por imperfeita que seja essa forma de ser, pela qual uma coisa está objetivamente ou por representação no entendimento por sua ideia, não se pode todavia assim dizer que essa forma e essa maneira não sejam nada, nem, por conseguinte, que essa ideia tire sua origem do nada. Também não devo duvidar que seja necessário que a realidade esteja formalmente nas causas de minhas ideias, embora a realidade que considero nessas ideias seja somente objetiva, nem pensar que basta que essa realidade se encontre objetivamente nas causas delas; pois, assim como essa maneira de ser objetivamente pertence às ideias pela própria na-

19. Acréscimo do francês: *toda ideia sendo uma obra do espírito*.

20. Importante especificação: o conteúdo representativo de uma ideia não é um puro nada e por isso é necessário que haja uma causa real da ideia; além do que, é necessário que a causa contenha em si tudo, ou mais, do que aquilo que o efeito (no caso, a ideia) possui.

tureza delas, assim também a maneira ou a forma de ser formalmente pertence às causas dessas ideias (pelo menos às primeiras e principais) pela própria natureza delas. E, ainda que possa acontecer que uma ideia dê origem a outra ideia, isso não pode dar-se ao infinito, mas é preciso ao fim chegar a uma primeira ideia, cuja causa seja como um padrão ou um original, na qual toda a realidade ou perfeição esteja contida formalmente e em efeito, a qual se encontre somente objetivamente ou por representação nessas ideias. De sorte que a luz natural me faz conhecer com evidência que as ideias estão em mim como quadros, ou imagens, que podem na verdade facilmente decair da perfeição das coisas de que foram tiradas, mas que jamais podem conter nada de maior ou mais perfeito[21].

[18] E quanto mais longa e cuidadosamente examino todas essas coisas, tanto mais clara e distintamente conheço que são verdadeiras. Mas, enfim, o que concluirei de tudo isso? Que, a saber, se a realidade objetiva de alguma de minhas ideias é tal que eu conheça claramente que ela não está em mim nem formal nem eminentemente, e que, por conseguinte, eu mesmo não possa ser a causa, daí se segue, necessariamente, que não estou sozinho no mundo, mas que há ainda alguma outra coisa que existe e que é a causa dessa ideia; ao passo que, se tal ideia não se encontra em mim, não terei nenhum argumento que me possa convencer e me deixar certo da existência de nenhuma

....

21. Os §§ 15-17 apresentam teses importantes que dão o princípio de causalidade cartesiano (em especial o § 16) e algumas de suas implicações; o argumento básico é que necessariamente deve haver tanta realidade na causa quanta no efeito, caso contrário não se poderia dizer de onde veio uma parte da realidade do efeito. As teses destes parágrafos serão apresentadas sucintamente na forma de axiomas na exposição geométrica que acompanha as Segundas Respostas (axiomas 3, 4, 5, 6).

outra coisa além de mim mesmo; pois investiguei-os todos 34
cuidadosamente, e não pude encontrar nenhum outro até o presente.

[19] Ora, entre essas ideias, além daquela que me representa a mim mesmo, sobre a qual não pode haver aqui nenhuma dificuldade, há outra que me representa um Deus, outras, coisas corporais e inanimadas, outras, anjos, outras, animais, e outras, enfim, que me representam homens semelhantes a mim. Mas, no que diz respeito às ideias que me representam outros homens, ou animais, ou anjos, concebo facilmente que elas podem ser formadas pela mistura e pela composição das outras ideias que tenho das coisas corporais e de Deus, ainda que fora de mim não houvesse outros homens no mundo, nem animal algum, nem anjo algum. E, no que diz respeito às ideias das coisas corporais, não reconheço nelas nada de tão grande nem de tão excelente que não me pareça poder vir de mim mesmo; pois, se as considero de mais perto e se as examino da mesma maneira que ontem examinava a ideia da cera, vejo que nelas se encontra apenas muito pouca coisa que eu conceba clara e distintamente, a saber: a grandeza ou então a extensão em comprimento, largura e profundidade; a figura que é formada pelos termos e limites dessa extensão; a situação que os corpos diversamente figurados guardam entre si; e o movimento ou a mudança dessa situação, aos quais se podem acrescentar a substância, a duração e o número. Quanto às outras coisas, como a luz, as cores, os sons, os odores, os sabores, o calor, o frio, e as outras qualidades que caem sob o tato, elas se encontram em meu pensamento com tanta obscuridade e confusão que até ignoro se são verdadeiras, ou falsas e somente aparentes, ou seja, se as ideias que concebo dessas

qualidades são de fato as ideias de algumas coisas reais, ou então se me representam apenas seres quiméricos, que não podem existir. Pois, ainda que eu tenha notado antes que só nos juízos se pode encontrar a verdadeira e formal falsidade, é possível, não obstante, encontrar nas ideias uma certa falsidade material, a saber, quando representam o que não é nada como se fosse alguma coisa. Por exemplo, as ideias que tenho do frio e do calor são tão pouco claras e tão pouco distintas que por meio delas não posso discernir se o frio é somente uma privação do calor, ou o calor uma privação do frio, ou então se ambos são qualidades reais, ou se não o são; e, uma vez que, as ideias
35 sendo como imagens, não pode haver nenhuma que não nos pareça representar alguma coisa, se é verdadeiro dizer que o frio não é outra coisa senão uma privação do calor, a ideia que mo representa como algo real e positivo não será com despropósito chamada falsa; e isso ocorre com outras ideias semelhantes, às quais, por certo, não é necessário que eu atribua outro autor senão eu mesmo. Pois, se elas são falsas, ou seja, se representam coisas que não existem[22], a luz natural me faz conhecer que elas procedem do nada, ou seja, que só estão em mim porque falta alguma coisa à minha natureza e porque ela não é toda perfeita. E se essas ideias são verdadeiras, não obstante, porque elas me fazem aparecer tão pouca realidade que não posso mesmo discernir nitidamente a coisa representada do não ser, não vejo razão por que não possam ser produzidas por mim mesmo e eu não possa ser seu autor.

[20] Quanto às ideias claras e distintas que tenho das coisas corporais, há algumas que parece que pude tirar da

22. Latim: *se não representam coisa alguma.*

ideia que tenho de mim mesmo, como a que tenho da substância, da duração, do número e de outras coisas semelhantes. Pois, quando penso que a pedra é uma substância, ou então uma coisa que por si é capaz de existir, depois que sou uma substância, embora conceba que sou uma coisa que pensa e não extensa, e que a pedra, ao contrário, é uma coisa extensa e que não pensa, e que, assim, entre essas duas concepções há uma notável diferença, todavia elas parecem convir pelo fato de representarem substâncias. Assim também, quando penso que sou agora, e que me recordo, ademais, de ter sido outrora, e concebo vários pensamentos diferentes cujo número conheço, adquiro então em mim as ideias da duração e do número, as quais, mais tarde, posso transferir para todas as outras coisas que eu quiser.

[21] No que tange às outras qualidades de que são compostas as ideias das coisas corporais, a saber, a extensão, a figura, a situação e o movimento de lugar, é verdade que elas não estão formalmente em mim, porquanto sou apenas uma coisa que pensa; mas, porque são somente certos modos da substância, e como que as vestes sob as quais a substância corporal nos aparece[23], e eu mesmo também sou uma substância, parece que elas podem estar contidas em mim eminentemente[24].

[22] Portanto, resta apenas a ideia de Deus, na qual é preciso considerar se há algo que não possa ter vindo de

....

23. Acréscimo do francês: *e como que as vestes sob as quais a substância corporal nos aparece.*

24. Sou uma substância pensante finita e posso ser causa da ideia de outra substância finita; e mais, sendo minha substância mais excelente que a substância extensa, posso ser causa das ideias que se referem à extensão, contendo-a eminentemente.

36 mim mesmo. Pelo nome Deus entendo uma substância infinita, eterna, imutável, independente, onisciente, onipotente, e pela qual eu mesmo, e todas as outras coisas que existem (se é verdade que há coisas que existem) foram criadas e produzidas[25]. Ora, essas vantagens são tão grandes e tão eminentes que, quanto mais atentamente as considero, menos me persuado de que a ideia que tenho dele possa tirar sua origem só de mim. E, por conseguinte, é preciso necessariamente concluir de tudo o que disse anteriormente que Deus existe; pois, ainda que a ideia da substância esteja em mim, pelo próprio fato de eu ser uma substância, eu não teria, contudo, a ideia de uma substância infinita, eu que sou um ser finito, se ela não tivesse sido posta em mim por alguma substância que fosse verdadeiramente infinita[26].

[23] E não devo imaginar que não concebo o infinito por uma verdadeira ideia, mas somente pela negação do que é finito, assim como compreendo o repouso e as trevas pela negação do movimento e da luz; já que, ao contrário, vejo manifestamente que se encontra mais realidade na substância infinita do que na substância finita, e, portanto, que tenho de alguma forma em mim primeiro a noção do infinito do que do finito, ou seja, de Deus, do que de mim mesmo. Pois como seria possível que eu pudesse conhecer que duvido e que desejo, ou seja, que me falta

....

25. Enfim, surge uma ideia de que a coisa pensante não pode ser causa. Como ela, Deus também é substância, porém, é de notar que não se fala em substância univocamente; sou substância finita e por isso posso ser causa da ideia de substância extensa, também finita; Deus, contudo, é substância infinita, e não posso eu, finito, ser causa da ideia de um ser infinito.

26. Eis a primeira prova da existência de Deus, por meio da aplicação do princípio de causalidade: se está em mim uma ideia de que não posso ser causa, deve existir algo que seja causa dessa ideia, no caso, Deus.

algo e que não sou totalmente perfeito, se não tivesse em mim nenhuma ideia de um ente mais perfeito do que o meu, por comparação ao qual eu conheceria os defeitos de minha natureza?

[24] E não se pode dizer que talvez essa ideia de Deus seja materialmente falsa, e que, por conseguinte, posso tê-la do nada, ou seja, que ela possa estar em mim porque eu tenho defeito[27], como disse mais acima das ideias do calor e do frio e de outras coisas semelhantes; pois, ao contrário, sendo essa ideia muito clara e muito distinta e contendo em si mais realidade objetiva do que qualquer outra, não há nenhuma que seja por si mais verdadeira nem que possa ser menos suspeita de erro e de falsidade.

[25] A ideia, digo, desse ser soberanamente perfeito e infinito é inteiramente verdadeira; pois, ainda que talvez se possa fingir que um tal ser não existe, não se pode fingir, contudo, que sua ideia não me represente nada de real, como disse há pouco da ideia do frio.

[26] Esta mesma ideia é também muito clara e muito distinta, porquanto tudo o que meu espírito concebe clara e distintamente de real e de verdadeiro, e que contém em si alguma perfeição, está contido e encerrado por inteiro nessa ideia.

[27] E isto não deixa de ser verdadeiro, ainda que eu 37
não compreenda o infinito, ou mesmo que se encontre em Deus uma infinidade de coisas que eu não possa compreender, nem talvez atingir de modo algum pelo pensamento; pois é da natureza do infinito que minha natureza, que é finita e limitada, não o possa compreender; e basta

27. Acréscimo do francês: de *ou seja* até aqui.

que eu conceba isso[28] e que julgue que todas as coisas que concebo claramente, e nas quais sei que há alguma perfeição, e talvez também uma infinidade de outras que ignoro, estão em Deus formal ou eminentemente, para que a ideia que tenho dele seja a mais verdadeira, a mais clara e a mais distinta de todas as que estão em meu espírito.

[28] Mas talvez também eu seja algo mais do que me imagino e todas as perfeições que atribuo à natureza de um Deus estejam de alguma forma em mim em potência, conquanto ainda não se produzam, e não se façam aparecer por suas ações. Com efeito, já experimento que meu conhecimento aumenta e se aperfeiçoa aos poucos, e nada vejo que possa impedi-lo de aumentar cada vez mais até o infinito; depois, estando assim aumentado e aperfeiçoado, nada vejo que me impeça de poder adquirir por meio dele todas as outras perfeições da natureza divina; e, enfim, parece que a potência que tenho para a aquisição dessas perfeições, se ela está em mim, pode ser capaz de lhe imprimir e de lhe introduzir suas ideias. Todavia, olhando um pouco mais de perto, reconheço que não pode ser assim[29];

....

28. Em virtude de um descompasso ontológico entre o finito e o infinito, é impossível que nosso intelecto, finito, possa compreender Deus, infinito; mesmo assim, o pouco que se alcança de Deus é o bastante. Numa carta de maio de 1630, Descartes lançara mão de uma metáfora modelar para explicar isso: Deus é autor de todas as coisas, inclusive das verdades eternas, e "digo que o sei, e não que o concebo nem que o compreendo; pois se pode saber que Deus é infinito e onipotente, ainda que nossa alma, sendo finita, não o possa compreender nem conceber; do mesmo modo que podemos muito bem tocar com as mãos uma montanha, mas não a abraçar, como faríamos com uma árvore, ou qualquer outra coisa que fosse, que não excedesse a grandeza de nossos braços; pois compreender é abraçar pelo pensamento, mas, para saber uma coisa, basta tocá-la pelo pensamento."

29. Latim: *Todavia, não pode ser nada disso.*

pois, primeiramente, ainda que fosse verdadeiro que meu conhecimento adquirisse todos os dias novos graus de perfeição, e que houvesse em minha natureza muitas coisas em potência, que nela ainda não existem atualmente, todavia todas essas vantagens de modo algum pertencem e se aproximam da ideia que tenho da Divindade na qual nada se encontra somente em potência, mas tudo existe atual e efetivamente[30]. E, até mesmo, não será um argumento infalível e muito certo de imperfeição em meu conhecimento o fato de ele crescer aos poucos e de aumentar por graus? Mais ainda, embora meu conhecimento aumentasse cada vez mais, mesmo assim não deixo de conceber que ele não poderia ser atualmente infinito, uma vez que jamais chegará a um ponto tão alto de perfeição que ainda não seja capaz de adquirir algum maior crescimento. Mas concebo Deus atualmente infinito em tão alto grau que não se pode acrescentar nada à soberana perfeição que ele possui. E, enfim, compreendo muito bem que o ser objetivo de uma ideia não pode ser produzido por um ser que existe so- 38
mente em potência, o qual, para falar propriamente, não é nada, mas somente por um ser formal ou atual.

[29] E, por certo, nada vejo em tudo o que acabo de dizer que não seja muito fácil de conhecer pela luz natural por todos os que quiserem pensar cuidadosamente nisso; mas, quando abrando algo de minha atenção, meu espírito, achando-se obscurecido e como que cegado pelas imagens das coisas sensíveis, não se recorda facilmente da razão por que a ideia que tenho de um ser mais perfeito que o meu deve necessariamente ter sido posta em mim por um ser que seja de fato mais perfeito.

30. Acréscimo do francês: *mas tudo existe atual e efetivamente.*

[30] É por isso que quero aqui seguir em frente e considerar se eu mesmo, que tenho essa ideia de Deus, poderia existir, caso não houvesse Deus[31]. E pergunto, de quem eu teria minha existência? Talvez de mim mesmo, ou de meus pais, ou então de algumas outras causas menos perfeitas do que Deus; pois não se pode imaginar nada mais perfeito, nem mesmo igual a ele.

[31] Ora, se eu fosse independente de qualquer outro[32] e se eu mesmo fosse o autor de meu ser, por certo não duvidaria de coisa alguma, não conceberia mais desejos e, enfim, não me faltaria nenhuma perfeição; pois teria dado a mim mesmo todas aquelas de que tenho em mim alguma ideia, e assim eu seria Deus[33].

[32] E não devo imaginar que as coisas que me faltam talvez sejam mais difíceis de adquirir do que aquelas de que já estou de posse; pois, ao contrário, é muito certo que foi muito mais difícil que eu, ou seja, uma coisa ou uma substância que pensa, tenha saído do nada, do que me seria adquirir as luzes e os conhecimentos de várias coisas que ignoro, e que são apenas acidentes dessa substância. E assim, sem dificuldades, se eu mesmo me tivesse dado esse mais que acabo de dizer, ou seja, se eu fosse o autor de meu nascimento e de minha existência[34], não me teria privado ao menos das coisas que são de aquisição mais

....

31. Aqui começa uma outra prova da existência de Deus. A anterior partia de uma ideia; esta, de maneira mais tradicional, partirá de uma coisa existente (o eu pensante).

32. Acréscimo do francês: *se eu fosse independente de qualquer outro*.

33. Para Descartes, a existência é a maior das perfeições; de modo que se eu pudesse dar-me a existência, e ser assim absolutamente independente, poderia também dar-me quaisquer outras coisas, quaisquer outras perfeições, sendo eu próprio um Deus.

34. Acréscimo do francês: de *ou seja* em diante.

fácil, a saber, de muitos conhecimentos de que é desprovida minha natureza[35]; tampouco me teria privado de nenhuma das coisas que estão contidas na ideia que concebo de Deus, porque não há nenhuma que me pareça de aquisição mais difícil[36]; e, se houvesse alguma, por certo ela me pareceria tal (supondo-se que eu recebesse de mim todas as outras coisas que possuo), porquanto eu experimentaria que minha potência terminaria aí e não seria capaz de aí chegar.

[33] E, ainda que eu pudesse supor que talvez eu sempre tenha sido como sou agora, não poderia por isso
evitar a força desse raciocínio, e não deixo de conhecer 39
que é necessário que Deus seja o autor de minha existência[37]. Pois todo o tempo de minha vida pode ser dividido em uma infinidade de partes, cada uma das quais não depende de forma alguma das outras; e, assim, do fato de um pouco antes eu ter existido, não se segue que eu deva agora existir, a não ser que nesse momento alguma causa me produza e me crie, por assim dizer, de novo, ou seja, me conserve[38].

[34] Com efeito, é uma coisa bem clara e bem evidente (a todos aqueles que considerarem com atenção a natureza do tempo) que uma substância, para ser conservada em todos os momentos de sua duração, precisa do mesmo poder e da mesma ação que seria necessário para produ-

35. Acréscimo do francês: de *a saber* em diante.

36. Latim: *me pareça mais difícil de fazer*.

37. Latim: *desse raciocínio, como se daí seguisse que se não há de procurar o autor de minha existência*.

38. É a famosa teoria da criação contínua. O tempo pode ser infinitamente dividido e as coisas, inclusive o eu pensante, só se mantêm existentes porque recriadas a cada momento pela força conservadora divina.

zi-la e criá-la toda de novo, se ela ainda não existisse. De sorte que a luz natural nos faz ver claramente que a conservação e a criação só diferem com relação à nossa forma de pensar, e não de fato. Portanto, aqui só é preciso que eu interrogue a mim mesmo para saber se possuo algum poder e alguma virtude que seja capaz de fazer com que eu, que existo agora, exista ainda no futuro; pois, já que nada sou senão uma coisa que pensa (ou, pelo menos, uma vez que ainda só se trata até aqui, precisamente, desta parte de mim mesmo), se uma tal potência residisse em mim, por certo eu deveria pelo menos pensá-la e ter conhecimento dela[39]; mas não sinto nenhuma em mim e, com isso, conheço evidentemente que dependo de algum ser diferente de mim[40].

[35] Pode ocorrer também que esse ser, do qual dependo, não seja o que chamo Deus, e que eu seja produzido, ou por meus pais, ou por algumas outras causas menos perfeitas do que ele?[41] Muito pelo contrário, isso não pode ser assim. Pois, como já disse anteriormente, é uma coisa muito evidente que deve haver pelo menos tanta realidade na causa quanto em seu efeito. E, portanto, uma vez que sou uma coisa que pensa e que tenho em mim alguma ideia de Deus, seja qual for afinal a causa que se atribua à minha natureza, é preciso necessariamente confessar que ela deve ser igualmente uma coisa que pensa, e possuir em si a ideia de todas as perfeições que atribuo à

....

39. Latim: *em mim, sem dúvida seria disso consciente.*

40. Nos §§ 31-34 são apresentadas teses que nas Segundas Respostas ganharão a forma axiomática (axiomas 2, 7, 8, 9).

41. A esta altura já sei que existo e sou conservado por outra coisa; resta investigar qual é esta coisa. Como se concluirá, só pode ser Deus.

natureza Divina. Depois pode-se investigar de novo se essa causa tem sua origem e sua existência de si mesma ou de alguma outra coisa. Pois, se ela a tem de si mesma, segue-se, pelas razões que aleguei antes, que ela mesma deve ser Deus; uma vez que, tendo a virtude de ser e de existir por si, ela também deve ter sem dúvida a potência de possuir atualmente todas as perfeições cujas ideias ela concebe, ou seja, todas aquelas que eu concebo estar em 40
Deus. Que, se ela tem sua existência de alguma outra causa além de si, perguntar-se-á outra vez, pela mesma razão, dessa segunda causa, se ela existe por si, ou por outrem, até que, de grau em grau, chegue-se enfim a uma última causa que virá a ser Deus. E é muito manifesto que nisso não pode haver progresso ao infinito, visto que aqui não se trata tanto da causa que me produziu outrora como daquela que me conserva presentemente.

[36] Não se pode fingir também que talvez várias causas juntas tenham concorrido em parte para minha produção, e que de uma eu tenha recebido a ideia de uma das perfeições que atribuo a Deus e, de outra, a ideia de alguma outra, de sorte que todas essas perfeições na verdade se encontrem mesmo em alguma parte do Universo, mas não estão todas juntas e reunidas numa só que seja Deus. Pois, ao contrário, a unidade, a simplicidade, ou a inseparabilidade de todas as coisas que existem em Deus é uma das principais perfeições que concebo nele existir; e, por certo, a ideia dessa unidade e reunião de todas as perfeições de Deus não pode ser colocada em mim por nenhuma causa de que eu também não tenha recebido as ideias de todas as outras perfeições. Pois ela não pode ter-me feito compreendê-las simultaneamente juntas e inseparáveis sem ter feito com que, ao mesmo tempo, eu soubes-

se o que elas eram e que as conhecesse todas de algum modo[42].

[37] No que diz respeito a meus pais, dos quais parece que tiro meu nascimento[43], ainda que tudo o que um dia eu pude acreditar sobre isso seja verdadeiro, isso não faz, todavia, que sejam eles que me conservem, nem que me tenham feito e produzido na medida em que sou uma coisa que pensa, uma vez que eles somente puseram algumas disposições nessa matéria, na qual julgo que eu, ou seja, meu espírito, o qual é o único que tomo agora por mim mesmo, se acha encerrado; e, portanto, aqui não pode haver nenhuma dificuldade a este respeito, mas é preciso necessariamente concluir que, só do fato de eu existir, e da ideia de um ser soberanamente perfeito (ou seja, de Deus) existir em mim, a existência de Deus é demonstrada com muita evidência[44].

[38] Resta-me somente examinar de que forma adquiri essa ideia. Pois não a recebi pelos sentidos, e jamais ela se ofereceu a mim contra minha expectativa, assim como fazem as ideias das coisas sensíveis, quando essas coisas
41 se apresentam ou parecem apresentar-se aos órgãos exteriores de meus sentidos. Ela também não é uma pura produção ou ficção de meu espírito; pois não está em meu poder diminuir-lhe ou acrescentar-lhe alguma coisa. E, por conseguinte, nada mais resta dizer senão que, como a ideia

42. Acréscimo do francês: *e que as conhecesse todas de algum modo.*

43. Acréscimo do francês: *dos quais parece que tiro meu nascimento.*

44. Eu existo por outro; Deus, porém, existe por si mesmo. Esta segunda prova estabelece o ser divino como causa de si mesmo. Embora tudo dependa de uma causa para existir, Deus existe sem causa, ou, se se quiser, age em si mesmo como uma causa sobre um efeito, ainda que no mais íntimo de seu ser tal distinção não faça sentido. O tema da autocausalidade será discutido amplamente nas Primeiras e nas Quartas Objeções e Respostas.

de mim mesmo, ela nasceu e foi produzida comigo no momento em que fui criado[45].

[39] E, por certo, não se deve achar estranho que Deus, ao criar-me, tenha posto em mim essa ideia para ser como a marca do operário impressa em sua obra; e não é também necessário que essa marca seja algo diferente dessa mesma obra. Mas, só pelo fato de que Deus me criou, é muito crível que ele me tenha de alguma forma produzido à sua imagem e semelhança, e que eu conceba essa semelhança (na qual a ideia de Deus se acha contida) pela mesma faculdade pela qual concebo a mim mesmo; quer dizer que, quando faço reflexão sobre mim, não somente conheço que sou uma coisa imperfeita, incompleta e dependente de outrem, que tende e aspira incessantemente a algo melhor e maior do que sou, mas que conheço também, ao mesmo tempo, que aquele de quem dependo possui em si todas essas grandes coisas a que aspiro, e cujas ideias encontro em mim[46], não indefinidamente e apenas em potência, mas que ele as usufrui de fato, atual e infinitamente, e, assim, que é Deus. E toda a força do argumento que aqui usei para provar a existência de Deus consiste em que reconheço que não seria possível que minha natureza fosse tal como é, ou seja, que eu tivesse em mim a ideia de um Deus, se Deus não existisse verdadeiramente; esse mesmo Deus, digo, cuja ideia está em mim, ou seja, que possui todas essas altas perfeições de que o nosso espírito bem pode ter alguma ideia sem, no entanto, compreender todas elas, que não é sujeito a nenhum defeito e nada tem[47] de todas as coisas que assinalam alguma imperfeição.

....

45. Acréscimo do francês: *no momento em que fui criado.*

46. Acréscimo do francês: *a que aspiro, e cujas ideias encontro em mim.*

47. Acréscimo do francês: *e nada tem*... É dado o passo final da Meditação: não só Deus existe como também ele não pode ser enganador. A regra geral de

[40] Donde é assaz evidente que ele não pode ser enganador, porquanto a luz natural nos ensina que o engano depende necessariamente de algum defeito.

[41] Mas, antes de examinar isso mais cuidadosamente e passar para a consideração das outras verdades que disso se pode recolher, parece-me muito oportuno deter-me algum tempo na contemplação desse Deus todo perfeito, pesar com todo o lazer seus maravilhosos atributos, considerar, admirar e adorar a incomparável beleza dessa imensa luz, ao menos na medida em que a força de meu espírito, que permanece de alguma forma ofuscado por ela, me puder permiti-lo.

42 [42] Pois, como a fé nos ensina que a soberana felicidade da outra vida consiste apenas nessa contemplação da Majestade divina, assim experimentemos desde já que semelhante meditação, embora incomparavelmente menos perfeita, faz-nos usufruir o maior contentamento de que sejamos capazes de sentir nesta vida.

....

verdade anunciada no § 2 é validada e pode-se dizer que todas as ideias claras e distintas são certamente verdadeiras. O artíficio do gênio maligno é então desmontado: fui criado por um ser perfeito, onipotente, onisciente e bom, logo, não enganador. No entanto, para consolidar tais ganhos é preciso ir mais adiante, quando o tema da veracidade deverá ser completado pela Meditação Quarta, com a análise do mecanismo do erro. Se Deus é bom, por que eu erro?

MEDITAÇÃO QUARTA 22

Do verdadeiro e do falso

[1] Acostumei-me de tal maneira nesses dias passados a desprender meu espírito dos sentidos e observei tão exatamente que há muito poucas coisas que se conhecem com certeza no tocante às coisas corporais, que há muito mais que nos são conhecidas no tocante ao espírito humano, e ainda muito mais do próprio Deus, que agora desviarei sem nenhuma dificuldade meu pensamento da consideração das coisas sensíveis ou imagináveis[1], para dirigi-lo àquelas que, sendo apartadas de qualquer matéria, são puramente inteligíveis.

[2] E, por certo, a ideia que tenho do espírito humano, na medida em que é uma coisa que pensa, e não extensa em comprimento, largura e profundidade, e que em nada participa daquilo que pertence ao corpo, é incomparavelmente mais distinta do que a ideia de alguma coisa corporal. E quando considero que duvido, ou seja, que sou uma coisa incompleta e dependente, a ideia de um ser completo e independente, ou seja, de Deus, apresenta-se ao meu espírito com a mesma distinção e clareza; e apenas pelo fato de que tal ideia está em mim, ou então de que

....

1. Latim: *das coisas imagináveis.*

sou ou existo, eu que possuo essa ideia, eu concluo tão evidentemente a existência de Deus, e que a minha depende inteiramente dele em todos os momentos de minha vida, que não penso que o espírito humano possa conhecer nada com mais evidência e certeza. E já me parece que descubro um caminho que nos conduzirá dessa contemplação do verdadeiro Deus (no qual todos os tesouros da ciência e da sabedoria estão encerrados) ao conhecimento das outras coisas do Universo[2].

[3] Pois, primeiramente, reconheço que é impossível
43 que alguma vez ele me engane, porquanto em toda fraude e engano encontra-se algum tipo de imperfeição. E, embora pareça que poder enganar seja um sinal de sutileza, ou de potência, todavia, querer enganar testemunha fraqueza ou malícia. E, portanto, isso não pode encontrar-se em Deus.

[4] Depois, experimento em mim mesmo certa potência de julgar[3], a qual sem dúvida recebi de Deus, bem como todo o resto das coisas que possuo; e, como ele não quereria iludir-me, é certo que não ma deu tal que eu possa um dia falhar, quando a usar como é preciso. E não restaria nenhuma dúvida dessa verdade, se dela não se pudesse, ao que parece, tirar a consequência de que assim, então, nunca me posso enganar; pois, se tenho de Deus tudo o que possuo, e se ele não me deu potência para

....

2. Enfim descoberta uma verdade (a existência de Deus) que permite ao eu pensante sair do interior de si mesmo, cumpre doravante alcançar outras verdades. Ora, investigar o mecanismo do erro é passo dos mais importantes para descobrir o "caminho" dessa dedução, validando plenamente a regra de veracidade que diz que tudo o que é clara e distintamente percebido é verdadeiro e evitando os falsos juízos.

3. Latim: *certa faculdade de julgar.*

falhar[4], parece que nunca devo enganar-me. E, na verdade, quando só penso em Deus, não descubro em mim nenhuma causa de erro ou de falsidade[5]; mas, pouco depois, voltando a mim, a experiência me faz conhecer que sou, não obstante, sujeito a uma infinidade de erros[6], dos quais, procurando a causa de mais perto, noto que não se apresenta somente ao meu pensamento uma real e positiva ideia de Deus, ou então de um ser soberanamente perfeito, mas também, por assim dizer, uma certa ideia negativa do nada, ou seja, daquilo que é infinitamente distante de todo tipo de perfeição; e que sou como um meio entre Deus e o nada, ou seja, situado de tal modo entre o soberano ser e o não-ser que na verdade nada se encontra em mim que me possa conduzir ao erro, na medida em que um soberano ser me produziu; mas que, se me considero como participando de alguma forma do nada ou do não-ser, ou seja, na medida em que eu mesmo não sou o soberano ser, acho-me exposto a uma infinidade de faltas, de forma que não me devo espantar se me engano.

[5] Assim conheço que o erro, enquanto tal, não é algo real que depende de Deus, mas que é somente um defeito; e, portanto, que não preciso, para falhar, de alguma

....

4. Latim: *não me deu uma faculdade de errar*. Sou dotado de uma potência ou faculdade de julgar; porém, não de uma potência ou faculdade positiva de errar que pudesse ser causa dos erros, embora estes sejam fatos percebidos, logo existentes, dos quais cumpre investigar a causa. Um dos primeiros passos será a bipartição da potência de julgar em potência de querer e de entender (§ 9).

5. Latim: *quando só penso em Deus e volto-me inteiramente para ele, não depreendo nenhuma causa do erro ou da falsidade.*

6. Se Deus é bom e veraz, por que o erro? A experiência desses dois opostos, a percepção da absoluta perfeição divina e, pelo contrário, da imperfeição do erro, recoloca epistemologicamente o tradicional problema do embate e coexistência entre bem e mal num mundo criado por um Deus perfeito e bom.

potência que me tenha sido dada por Deus particularmente para esse efeito, mas que acontece que eu me engane, pelo fato de que a potência que Deus me deu para discernir o verdadeiro do falso não é em mim infinita.

[6] Todavia, isso ainda não me satisfaz totalmente; pois o erro não é uma pura negação, ou seja, não é o simples
44 defeito ou falta de alguma perfeição que não me é devida[7], mas, antes, é uma privação de algum conhecimento que parece que eu deveria possuir[8]. E, considerando a natureza de Deus, não me parece possível que ele me tenha dado alguma faculdade que seja imperfeita em seu gênero, ou seja, à qual falte alguma perfeição que lhe seja devida; pois, se é verdade que quanto mais experto é o artesão, mais perfeitas e completas são as obras que saem de suas mãos, qual ser imaginaremos ter sido produzido por esse soberano criador de todas as coisas, que não seja perfeito e inteiramente acabado em todas as suas partes? E, por certo, não há dúvida nenhuma de que Deus não pôde criar-me tal que eu nunca me pudesse enganar; é certo também que ele sempre quer o que é o melhor; ser-me-á então mais vantajoso falhar do que não falhar?

[7] Considerando isso com mais atenção, de início me vem ao pensamento que não devo espantar-me se minha inteligência não for capaz de compreender por que Deus faz o que faz, e que, assim, não tenho nenhuma razão de duvidar de sua existência, talvez pelo fato de eu ver, por

....

7. *Ou seja*... é acréscimo do francês.

8. A *negação* é a falta de algo que realmente não deveria ser possuído: o homem não tem asas porque não é um pássaro, não compreende o infinito porque é finito; a *privação*, contudo, seria a carência de algo que se deveria ter, por exemplo: um cego não vê, mas o deveria, já que os homens são dotados de visão.

experiência, muitas outras coisas sem poder compreender por que razão nem como Deus as produziu. Pois, já sabendo que minha natureza é extremamente fraca e limitada e, ao contrário, que a de Deus é imensa, incompreensível e infinita, já não tenho dificuldade em reconhecer que há uma infinidade de coisas em sua potência cujas causas ultrapassam o alcance de meu espírito. E esta única razão é suficiente para persuadir-me de que todo esse gênero de causas, que se costuma tirar do fim, não tem nenhuma utilidade nas coisas físicas, ou naturais; pois não me parece que eu possa sem temeridade investigar e empreender descobrir os fins impenetráveis de Deus[9].

[8] Ademais, ocorre-me também ao espírito que não se deve considerar uma só criatura separadamente quando se investiga se as obras de Deus são perfeitas, mas de modo geral todas as criaturas juntas. Pois a mesma coisa que poderia, talvez com algum tipo de razão, parecer muito imperfeita se estivesse totalmente sozinha, encontre-se muito perfeita em sua natureza se olhada como parte de todo este universo. E, embora, desde que tomei o desígnio de duvidar de todas as coisas, eu só tenha conhecido certamente minha existência e a de Deus, todavia também, desde que reconheci a infinita potência de Deus, não poderia negar que ele tenha produzido muitas outras coisas ou, pelo menos, que as possa produzir, de sorte que exista e esteja posto no mundo, como fazendo parte da universalidade de todos os seres.

[9] Em consequência disso, olhando-me de mais perto 45
e considerando quais são meus erros (os quais sozinhos

9. Latim: *os fins de Deus*. Não cabe investigar os fins de Deus, por conseqüência, será possível a construção de uma ciência física moldada pela matemática, pondo-se de lado, justificadamente, as considerações finalistas.

testemunham que há imperfeição em mim), vejo que dependem do concurso de duas causas, a saber, da potência de conhecer que existe em mim e da potência de eleger, ou então de meu livre-arbítrio, ou seja, de meu entendimento e conjuntamente de minha vontade. Pois, pelo só entendimento, eu não asseguro nem nego coisa alguma[10], mas concebo somente as ideias das coisas, que posso assegurar ou negar. Ora, considerando-o assim precisamente, pode-se dizer que nele nunca se encontra erro algum, contanto que se tome a palavra erro em sua significação própria. E, ainda que talvez haja uma infinidade de coisas no mundo das quais não tenho a menor ideia em meu entendimento, não por isso se pode dizer que ele seja privado dessas ideias, como de algo que seja devido à sua natureza[11], mas somente que não as tem; porque, com efeito, não há razão nenhuma que possa provar que Deus devesse ter-me dado uma maior e mais ampla faculdade de conhecer do que a que me deu; e, por mais habilidoso e sábio operário que eu me represente, não devo por isso pensar que devesse pôr em cada uma de suas obras todas as perfeições que pode pôr em algumas. Também não posso queixar-me de que Deus não me tenha dado um livre-arbítrio, ou uma vontade assaz ampla e perfeita, uma vez que de fato a experimento tão vaga e tão extensa que não está encerrada em nenhum limite[12]. E o que me parece bem observável nesse ponto é que, entre todas as outras coisas que estão em mim, não há nenhuma tão perfeita e tão extensa que eu não reconheça que poderia ser

....

10. Acréscimo do francês: *eu não asseguro nem nego coisa alguma.*
11. Acréscimo do francês: *como de algo que seja devido à sua natureza.*
12. Latim: *experimento que não é restringida por nenhum limite.*

ainda maior e mais perfeita. Pois, por exemplo, se considero a faculdade de conceber que está em mim, vejo que é de muito pequena extensão, e grandemente limitada, e ao mesmo tempo represento-me a ideia de outra faculdade muito mais ampla, e mesmo infinita; e, apenas pelo fato de poder representar-me sua ideia, conheço sem dificuldade que ela pertence à natureza de Deus. Da mesma forma, se examino a memória, ou a imaginação, ou alguma outra potência, não encontro nenhuma que não seja em mim muito pequena e limitada, e que em Deus não seja imensa e infinita. Há unicamente a vontade[13], que experimento em mim ser tão grande que não concebo a ideia de nenhuma outra mais ampla e mais extensa; de sorte que é ela, principalmente, que me faz conhecer que eu trago a imagem e a semelhança de Deus. Pois, ainda que ela seja incomparavelmente maior em Deus do que em mim, se- 46
ja em razão do conhecimento e da potência, que nele se encontrando juntos a tornam mais firme e mais eficaz, seja em razão do objeto, na medida em que ela se dirige e se estende infinitamente a mais coisas, ela todavia não me parece maior, se a considero formal e precisamente em si mesma. Pois ela consiste somente no fato de podermos fazer uma coisa, ou não a fazer (ou seja, afirmar ou negar, perseguir ou fugir), ou, antes, somente no fato de, para afirmar ou negar, fugir às coisas que o entendimento nos propõe, agirmos de tal modo que não sentimos que nenhuma força exterior nos constrange a isso. Pois, para que eu seja livre, não é necessário que eu seja indiferente para escolher um ou o outro dos dois contrários[14]; mas, antes,

....

13. Latim: *a vontade ou o livre-arbítrio.*

14. Latim: *não é necessário que eu possa ser levado a um ou outro dos dois contrários.*

quanto mais pendo por um, seja porque eu conheça evidentemente que nele se encontram o bem e o verdadeiro, seja porque Deus disponha assim o interior de meu pensamento, tanto mais livremente faço a escolha e a abraço. E, por certo, a graça divina e o conhecimento natural, muito longe de diminuir-me a liberdade, antes a aumentam e a fortificam. De forma que esta indiferença que sinto, quando não sou impelido mais para um lado do que para outro pelo peso de alguma razão, é o mais baixo grau da liberdade, e mais faz parecer um defeito no conhecimento do que uma perfeição na vontade[15]; pois, se sempre conhecesse claramente o que é verdadeiro e o que é bom, eu jamais teria dificuldade de deliberar qual juízo e qual escolha deveria fazer; e, assim, seria inteiramente livre, sem jamais ser indiferente[16].

[10] Por tudo isso reconheço que nem a potência de querer, que recebi de Deus, é por si mesma a causa de meus erros, pois ela é muito ampla e muito perfeita em sua espécie; nem também a potência de entender ou de conceber; pois, nada concebendo senão por meio dessa potência que Deus me deu para conceber, sem dúvida tudo o que concebo concebo-o corretamente, e não é possível que nisso me engane. De onde então nascem meus erros? A saber, só do fato de que, sendo a vontade muito mais ampla e mais extensa do que o entendimento, não a contenho nos mesmos limites, mas a estendo também às coisas que não entendo; sendo por si indiferente a elas,

....

15. Latim: *é o mais ínfimo grau de liberdade e não testemunha nenhuma imperfeição nela, mas apenas certo defeito ou negação no conhecimento.*

16. A indiferença equivaleria à ignorância; claramente percebido o verdadeiro, o assentimento à verdade é uma consequência quase necessária.

ela se desencaminha com muita facilidade e escolhe o mal pelo bem, ou o falso pelo verdadeiro[17]. O que faz que me engane e que peque.

[11] Por exemplo, examinando estes dias passados se 47
existia alguma coisa no mundo e conhecendo que pelo simples fato de eu examinar essa questão seguia-se com muita evidência que eu mesmo existia, não podia impedir-me de julgar que algo que concebia tão claramente era verdadeiro, não que a isso me achasse forçado por alguma causa exterior, mas somente porque, de uma grande clareza que existia em meu entendimento, seguiu-se uma grande inclinação em minha vontade; e fui levado a crer com tanto mais liberdade quanto me achei com menos indiferença[18]. Ao contrário, no presente não sei somente que existo, na medida em que sou alguma coisa que pensa, mas também se apresenta a meu espírito uma certa ideia da natureza corporal; o que faz com que eu duvide se essa natureza que pensa, que está em mim, ou antes, pela qual sou o que sou, é diferente dessa natureza corporal, ou então se ambas são apenas uma mesma coisa. E suponho aqui que ainda não conheço nenhuma razão que me persuada mais de um do que do outro: daí se segue que sou inteiramen-

....

17. A própria constituição de meu ser, participando de alguma forma do tudo e do nada, do ser e do não-ser, meio termo de um descompasso entre finito e infinito, seria explicação do erro, pois ele resultaria de um mau uso das minhas próprias faculdades. A continuação, "o que faz que me engane e peque", assimila o erro na ciência ao pecado, o erro moral. O objetor Arnauld pedira a reformulação deste trecho, ao que Descartes acedera, no Resumo, porém sem alterar o texto da Meditação; cf. Resumo das Seis Meditações.

18. Um exemplo perfeito da concepção de liberdade apresentada é o cogito: se penso, existo. O estabelecimento do elo entre as duas partes do argumento e o que me impele a afirmá-lo é uma determinação interior proporcionada pela clareza do entendimento.

te indiferente a negá-lo, ou a assegurá-lo, ou até mesmo a abster-me de dar algum juízo sobre isso.

[12] E essa indiferença não se estende somente às coisas de que o entendimento não tem nenhum conhecimento, mas também, de modo geral, a todas aquelas que ele não descobre com uma perfeita clareza, no momento em que a vontade delibera sobre elas; pois, por mais prováveis que sejam as conjeturas que me tornam inclinado a julgar alguma coisa, o só conhecimento que tenho de que são apenas conjeturas, e não razões certas e indubitáveis, basta para dar-me a ocasião de julgar o contrário. O que experimentei suficientemente nesses dias passados, quando coloquei como falso tudo o que tivera anteriormente por muito verdadeiro, apenas porque notei que disso se podia duvidar de algum modo.

[13] Ora, se me abstenho de dar meu juízo sobre uma coisa, quando não a concebo com bastante clareza e distinção, é evidente que o uso muito bem e que não estou enganado; mas, se me determino a negá-la, ou assegurá-la, então já não me sirvo como devo de meu livre-arbítrio; e, se asseguro o que não é verdadeiro, é evidente que me engano; até mesmo, ainda que eu julgue segundo a verdade, isso só ocorre por acaso, e não deixo de falhar e de usar mal meu livre-arbítrio[19]; pois a luz natural ensina-nos
48 que o conhecimento do entendimento sempre deve preceder a determinação da vontade. E é nesse mau uso do livre-arbítrio que se encontra a privação que constitui a forma do erro. A privação, digo eu, encontra-se na operação, na medida em que ela procede de mim; mas não se encontra na potência que recebi de Deus, nem mesmo na

19. Acréscimo do francês: *e de usar mal meu livre-arbítrio.*

operação, na medida em que depende dele. Pois não tenho, por certo, nenhum motivo para queixar-me de que Deus não me deu uma inteligência mais capaz, ou uma luz natural maior do que aquela que devo a ele, porquanto, de fato, é próprio do entendimento finito não compreender uma infinidade de coisas, e próprio de um entendimento criado ser finito; mas tenho todos os motivos para render-lhe graças pelo fato de, embora jamais me tendo devido nada, ele me deu todo o pouco de perfeições que está em mim: muito longe de conceber sentimentos tão injustos[20], como imaginar que ele me tenha tolhido ou retido injustamente outras perfeições que não me deu. Também não tenho motivo para queixar-me por ele me ter dado uma vontade mais extensa do que o entendimento, uma vez que, consistindo a vontade apenas numa só coisa, e sendo seu sujeito como que indivisível, parece que sua natureza é tal que não se lhe poderia tolher nada sem a destruir; e, por certo, quanto maior ela é, mais tenho de agradecer à bondade daquele que ma deu. E, por fim, também não devo queixar-me por Deus ter concorrido comigo para formar os atos dessa vontade, ou seja, os juízos em que me engano, porque estes atos são inteiramente verdadeiros, e absolutamente bons, na medida em que dependem de Deus; e há de alguma forma mais perfeição em minha natureza por eu poder formá-los do que se

20. Acréscimo do francês: *muito longe de conceber sentimentos tão injustos*.

21. Formando juízos, exercemos nossa vontade e, "de alguma forma", poderíamos dizer que errando ou pecando reafirmamos nossa livre vontade, a infinitude que está em nós e nos assemelha ao criador. Não fosse assim, seguindo-se do intelecto a escolha por uma necessidade brutal, o homem seria apenas uma máquina intelectual, até diríamos, emprestando uma fórmula de Espinosa, um "autômato espiritual".

não o pudesse[21]. Quanto à privação, que consiste sozinha na razão formal do erro e do pecado, ela não precisa de nenhum concurso de Deus, uma vez que não é uma coisa ou um ser e que, se a relacionamos a Deus como à sua causa, ela não deve ser nomeada privação, mas somente negação, conforme a significação que se dá a essas palavras na Escola[22].

[14] Pois de fato não é uma imperfeição em Deus ele me ter dado a liberdade de dar meu juízo, ou de não o dar, sobre certas coisas cujo conhecimento claro e distinto ele não pôs em meu entendimento; mas sem dúvida é uma imperfeição em mim que eu não o use bem e que dê temerariamente o meu juízo sobre coisas que concebo apenas com obscuridade e confusão.

[15] Vejo, não obstante, que teria sido fácil para Deus
49 fazer com que eu nunca me enganasse, conquanto permanecesse livre e com um conhecimento limitado, a saber: dando a meu entendimento uma clara e distinta inteligência de todas as coisas sobre as quais eu devia alguma vez deliberar, ou então somente se ele tivesse tão profundamente gravado em minha memória a resolução de nunca julgar coisa alguma sem a conceber clara e distintamente que nunca eu a pudesse esquecer. E noto que, na medida em que me considero totalmente sozinho, como se houvesse apenas eu no mundo, eu teria sido muito mais perfeito do que sou se Deus me tivesse criado tal que eu nunca falhasse. Mas nem por isso posso negar que exista, de alguma forma, uma perfeição maior em todo o Universo, pelo fato de algumas de suas partes não serem isentas de

22. Acréscimo do francês: *conforme a significação*... "Escola": nome genérico para designar a filosofia escolástica, de forte fundamentação aristotélica, imperante à época nos colégios e universidades.

defeitos, do que se todas elas fossem semelhantes. E não tenho direito algum de queixar-me se Deus, tendo-me posto no mundo, não tenha querido pôr-me na categoria das coisas mais nobres e mais perfeitas; até tenho motivos para contentar-me de que, se ele não me deu a virtude de não falhar, pelo primeiro meio que declarei acima, que depende de um claro e evidente conhecimento de todas as coisas sobre as quais posso deliberar, ele ao menos deixou em minha potência o outro meio, que é o de manter firmemente a resolução[23] de jamais dar meu juízo sobre as coisas cuja verdade não me é claramente conhecida[24]. Pois, conquanto note em minha natureza essa fraqueza de nunca poder prender continuamente meu espírito a um mesmo pensamento, posso, todavia, por uma meditação atenta e amiúde reiterada, imprimi-lo tão fortemente na memória[25] que nunca deixe de me lembrar disso todas as vezes que necessitar, e adquirir dessa forma o hábito de não falhar. E, visto que é nisso que consiste a maior e principal perfeição do homem, estimo não ter ganhado pouco com esta Meditação: ter descoberto a causa das falsidades e dos erros.

[16] E, por certo, não pode haver outra senão aquela que expliquei; pois todas as vezes que retenho de tal modo minha vontade nos limites de meu conhecimento que ela não faz nenhum juízo a não ser sobre coisas que lhe são clara e distintamente representadas pelo entendimento, não pode ocorrer que eu me engane; porque toda con-

....

23. Acréscimo do francês: *manter firmemente a resolução.*

24. Ou seja, posso iniciar pela dúvida, livremente negando tudo e reconstruindo a ciência desde seus fundamentos com a devida precaução. A via da Primeira Meditação encontra, ao cabo da Quarta, uma justificativa profunda.

25. Acréscimo do francês: *imprimi-lo tão fortemente na memória.*

26. Latim: *é algo.*

cepção clara e distinta é sem dúvida alguma coisa real e positiva[26] e, portanto, não pode tirar sua origem do nada, mas deve necessariamente ter Deus como seu autor; Deus, digo, que sendo soberanamente perfeito não pode ser causa de nenhum erro; e, por conseguinte, cumpre concluir que uma tal concepção ou um tal juízo é verdadeiro[27].

[17] Aliás, não somente aprendi hoje o que devo evitar para não falhar, mas também o que devo fazer para alcançar o conhecimento da verdade. Pois, certamente, eu o alcançarei, se detiver suficientemente minha atenção sobre todas as coisas que conceber perfeitamente, e se as separar das outras que só compreendo com confusão e obscuridade[28]. Ao que, doravante, cuidadosamente prestarei atenção.

....

27. Está completamente validada a regra de verdade conseguida pela reflexão acerca do cogito e apresentada na Meditação Terceira (§ 2), pois confirma-se que existe um Deus bom e veraz e que ele não é responsável pelos meus erros.

28. Latim: *que apreendo confusa e obscuramente.*

MEDITAÇÃO QUINTA 50

Da essência das coisas materiais e, mais uma vez, de Deus, que ele existe

[1] Restam-me muitas outras coisas para examinar, no tocante aos atributos de Deus e no tocante à minha própria natureza, ou seja, a de meu espírito: mas talvez retome uma outra vez a sua investigação. Agora (depois de ter notado o que se deve fazer ou evitar para alcançar o conhecimento da verdade), o que tenho de fazer principalmente é tentar sair e desvencilhar-me de todas as dúvidas em que caí nesses dias passados e ver se nada de certo se pode conhecer no tocante às coisas materiais.

[2] Mas, antes de examinar se há tais coisas que existem fora de mim, devo considerar suas ideias, na medida em que estão em meu pensamento, e ver quais as que são distintas e quais as que são confusas.

[3] Em primeiro lugar, imagino distintamente esta quantidade que os filósofos chamam vulgarmente quantidade contínua, ou então a extensão em comprimento, largura e profundidade que está nessa quantidade, ou melhor, na coisa a que a atribuem. Ademais, nela posso enumerar várias partes diversas e atribuir, a cada uma dessas partes, todas as espécies de grandezas, de figuras, de situações e de movimentos; e, enfim, posso assinalar a cada um desses movimentos todas as espécies de duração.

[4] E não só conheço essas coisas com distinção quando as considero em geral, mas também por pouco que lhes
51 aplique minha atenção, concebo uma infinidade de particularidades relativas aos números, às figuras, aos movimentos e a outras coisas semelhantes, cuja verdade se faz aparecer com tanta evidência e concorda tão bem com minha natureza que, quando começo a descobri-las, não me parece que aprenda nada de novo, mas, ao contrário, que me lembro do que já sabia anteriormente, ou seja, de que percebo coisas que já estavam em meu espírito, embora ainda não tivesse voltado meu pensamento para elas[1].

[5] E o que encontro aqui de mais considerável é que encontro em mim uma infinidade de ideias de certas coisas, que não podem ser estimadas um puro nada, embora, talvez, não tenham nenhuma existência fora de meu pensamento, e que não são fingidas por mim, se bem que esteja em minha liberdade pensá-las ou não as pensar[2]; mas elas têm suas naturezas verdadeiras e imutáveis. Como, por exemplo, quando imagino um triângulo, ainda que talvez não haja em lugar nenhum do mundo fora de meu pensamento uma tal figura, e jamais tenha havido, não deixa de haver, não obstante, uma certa natureza, ou forma, ou essência determinada dessa figura, a qual é imutável e eterna, que eu não inventei e que não depende de forma alguma de meu espírito; como é aparente do fato de se poder demonstrar diversas propriedades desse triângulo, a saber, que seus três ângulos são iguais a dois retos, que o ângulo maior é sustentado pelo lado maior, e outras semelhantes, as quais agora, seja que eu o queira ou não,

1. Portanto, tais ideias me são inatas.
2. Acréscimo do francês: *ou não as pensar*.

reconheço muito claramente e muito evidentemente estarem nele, ainda que eu não tenha de modo algum pensado nisso antes, quando imaginei pela primeira vez um triângulo; e, portanto, não se pode dizer que eu as tenha fingido ou inventado.

[6] E só o que tenho a fazer aqui é objetar-me que talvez essa ideia do triângulo tenha vindo ao meu espírito por intermédio de meus sentidos, porque vi algumas vezes corpos de figura triangular; pois posso formar em meu espírito uma infinidade de outras figuras, das quais não se pode ter a menor suspeita de que um dia tenham caído sob meus sentidos, e, todavia, não deixo de poder demonstrar diversas propriedades relativas à natureza delas, bem como relativas à do triângulo, as quais, por certo, devem ser todas verdadeiras, porquanto as concebo claramente. E, portanto, elas são alguma coisa, e não um puro nada; pois é muito evidente que tudo o que é verdadeiro é alguma coisa, e já demonstrei amplamente mais
acima que todas as coisas que conheço clara e distinta- 52
mente são verdadeiras. E, embora não o houvesse demonstrado, a natureza de meu espírito, contudo, é tal que eu não poderia impedir-me de considerá-las verdadeiras, enquanto[3] as concebo clara e distintamente. E lembro-me de que, mesmo quando estava fortemente apegado aos objetos dos sentidos, incluíra no número das mais constantes verdades aquelas que eu concebia clara e distintamente no tocante às figuras, aos números, e às outras coisas que pertencem à aritmética e à geometria[4].

....

3. Latim: *verdadeiras, ao menos enquanto.*

4. Não há mais como duvidar metafisicamente por meio da forja de um gênio maligno, pois a Meditação Terceira já mostrou que existe um Deus bom e

[7] Agora, se do simples fato de que posso tirar de meu pensamento a ideia de alguma coisa, segue-se que tudo o que reconheço clara e distintamente pertencer a essa coisa pertence-lhe de fato, não posso tirar disso um argumento e uma prova demonstrativa da existência de Deus? É certo que não encontro menos em mim sua ideia, ou seja, a ideia de um ser soberanamente perfeito, do que a de qualquer figura ou de qualquer número que seja. E não conheço menos clara e distintamente que uma existência atual e eterna pertence à sua natureza do que conheço que tudo o que posso demonstrar de alguma figura ou de algum número pertence realmente à natureza dessa figura ou desse número[5]. E, portanto, ainda que tudo o que concluí nas meditações precedentes não fosse verdade, a existência de Deus deve passar em meu espírito ao menos por tão certa quanto estimei até aqui todas as verdades das matemáticas, que só dizem respeito aos números e às figuras; se bem que, na verdade, isso de início não pareça inteiramente manifesto, mas se afigure ter alguma aparência de sofisma. Pois, tendo-me acostumado em todas as outras coisas a fazer distinção entre a existência e a essência, persuado-me facilmente de que a existência pode ser separada da essência de Deus e que, assim, pode-se conceber Deus como não existindo

....

veraz. Não há, portanto, agora, como duvidar das evidências matemáticas. Latim: *à geometria ou, em geral, à mathesis pura e abstrata*. "Mathesis", como explicam as *Regras* (IV), é um "vocábulo já antigo" pelo qual se pode designar a "matemática universal" relativa àquilo tudo em que se considera apenas a ordem e a medida.

5. A nova prova da existência que se trata de construir terá uma forma matemática. Ao contrário das outras, *a posteriori*, que iam dos efeitos (a ideia de Deus, a existência do eu pensante) à causa, a prova desta Meditação partirá da causa, da própria ideia de Deus, e por isso será *a priori*.

atualmente[6]. Mas, não obstante, quando penso nisso com mais atenção, vejo manifestamente que a existência não pode ser mais separada da essência de Deus do que, da essência de um triângulo retilíneo, a grandeza de seus três ângulos iguais a dois retos, ou então da ideia de uma montanha, a ideia de um vale; de sorte que não há menos repugnância em conceber um Deus (ou seja, um ser soberanamente perfeito) ao qual falte a existência (ou seja, ao qual falte alguma perfeição) do que em conceber uma montanha que não tenha vale.

[8] Mas, ainda que de fato eu não possa conceber um Deus sem existência, não mais do que uma montanha sem vale, todavia, como do simples fato de eu conceber
uma montanha com vale não se segue que haja alguma 53
montanha no mundo, assim também, embora eu conceba Deus com a existência, parece que por isso não se segue que haja algum Deus que exista; pois meu pensamento não impõe necessidade nenhuma às coisas; e como só depende de mim imaginar um cavalo alado, ainda que não haja nenhum que tenha asas, assim eu talvez pudesse atribuir a existência a Deus, ainda que não houvesse nenhum Deus que existisse. Muito pelo contrário, aqui é que há um sofisma oculto sob a aparência dessa objeção: pois, do fato de eu não poder conceber uma montanha sem vale, não se segue que haja no mundo alguma montanha, nem

6. Note-se a força do raciocínio: é impossível conceber um Deus inexistente, já que a existência, como de resto toda perfeição, deve ser-lhe atribuída necessariamente, pois do contrário não seria Deus; só o costume de mais frequentemente considerarmos coisas em que essência e existência distinguem-se impede a aceitação da prova, que trata de um ser único em que, dada a essência, é de imediato dada a existência. Tal argumento tem raízes antigas no *Proslogion* de Santo Anselmo (séc. XI), e a partir de Kant (séc. XVIII) será chamado ostensivamente de "prova ontológica".

algum vale, mas somente que a montanha e o vale, quer existam, quer não existam, não podem de forma alguma se separar um do outro; ao passo que, do simples fato de eu não poder conceber Deus sem existência, segue-se que a existência é inseparável dele, e portanto que ele existe verdadeiramente; não que meu pensamento possa fazer que isso seja assim e que imponha às coisas alguma necessidade; mas, ao contrário, porque a necessidade da própria coisa, a saber, da existência de Deus, determina meu pensamento a concebê-lo dessa forma. Pois não está em minha liberdade conceber um Deus sem existência (ou seja, um ser soberanamente perfeito sem uma soberana perfeição), como tenho a liberdade de imaginar um cavalo sem asas ou com asas.

[9] E aqui não se deve dizer que é na verdade necessário que eu confesse que Deus existe, depois que supus que ele possui todas as espécies de perfeições, porquanto a existência é uma delas, mas que, de fato, minha primeira suposição não era necessária; assim como não é necessário pensar que todas as figuras de quatro lados podem ser inscritas no círculo, mas que, supondo-se que eu tenha esse pensamento, sou constrangido a confessar que o rombo pode ser inscrito no círculo, já que é uma figura de quatro lados; e assim serei coagido a confessar uma coisa falsa[7]. Não se deve, digo, alegar isso, pois, ainda que não seja necessário que eu incida jamais em algum pensamento de Deus, não obstante, todas as vezes que me ocorre pensar num ser primeiro e soberano, e tirar, por assim dizer, sua ideia do tesouro do meu espírito, é necessário que eu lhe atribua todas as espécies de perfeições, embora não

7. Latim: *no círculo, o que, porém, é abertamente falso.*

venha a enumerar todas e a aplicar minha atenção sobre
cada uma delas em particular[8]. E essa necessidade é sufi-
ciente para fazer-me concluir (depois que reconheci que
a existência é uma perfeição) que esse ser primeiro e so-
berano existe verdadeiramente; assim como não é neces-
sário que eu imagine jamais algum triângulo, mas, todas 54
as vezes que quero considerar uma figura retilínea com-
posta somente de três ângulos, é absolutamente necessá-
rio que lhe atribua todas as coisas que servem para con-
cluir que seus três ângulos não são maiores do que dois
retos, ainda que talvez não considere então isso em par-
ticular. Mas, quando examino quais figuras são capazes
de ser inscritas no círculo, não é de modo algum neces-
sário que pense que todas as figuras de quatro lados fa-
zem parte desse número; ao contrário, nem mesmo pos-
so fingir que seja assim, enquanto não quiser receber em
meu pensamento nada além do que poderei conceber
clara e distintamente. E, por conseguinte, há uma grande
diferença entre as falsas suposições, como é esta, e as ver-
dadeiras ideias que nasceram comigo, das quais a primei-
ra e principal é a de Deus.

....

8. Com este parágrafo fica nítido o aspecto matemático da prova. Aliás, justo por este aspecto é forçoso mencionar uma questão amplamente discutida pelos intérpretes da filosofia cartesiana a partir da publicação de *Descartes selon l'ordre des raisons*, 1953, de M. Guéroult (o prefácio desta obra foi traduzido para o portugês; cf. bibliografia). A prova *a priori* desta Meditação poderia preceder as provas *a posteriori* da Terceira? Ora, argumenta Guéroult, se a prova é como uma demonstração matemática, não haveria como, visto que seria preciso validar a matemática antes de vencer a hipótese do gênio maligno; de forma que a própria ordem das *Meditações* impõe um elo de dependência entre as provas. Não faltaram opositores à interpretação; destacadamente H. Gouhier, para quem a prova da Meditação Quinta autovalida-se, pois a ideia de perfeição nela envolvida imediatamente exclui a possibilidade de um Deus enganador sem que seja necessária a passagem pela Meditação Terceira.

[10] Pois, de fato, reconheço de várias formas que essa ideia não é algo fingido ou inventado, dependente apenas de meu pensamento, mas que é a imagem de uma verdadeira e imutável natureza. Primeiramente, porque eu não posso conceber outra coisa que não apenas Deus, à essência da qual a existência pertence com necessidade. Depois, também, porque não me é possível conceber dois ou vários Deuses do mesmo modo. E, visto que haja um agora que existe, vejo claramente que é necessário que ele tenha existido antes por toda a eternidade, e que exista eternamente no futuro. E, enfim, porque conheço uma infinidade de outras coisas em Deus, das quais nada posso diminuir nem mudar.

[11] De resto, de qualquer prova e argumento que me sirva, sempre é preciso voltar a este ponto: apenas as coisas que concebo clara e distintamente é que têm a força de persuadir-me inteiramente. E, embora entre as coisas que concebo desse modo haja na verdade algumas manifestamente conhecidas de cada um, e que também haja outras que só se descobrem àqueles que as consideram de mais perto e as examinam mais exatamente, todavia, depois que são descobertas uma vez, não são estimadas umas menos certas do que as outras. Como, por exemplo, em todo triângulo retângulo, ainda que de início não pareça tão facilmente que o quadrado da base é igual aos quadrados dos dois outros lados, como é evidente que essa base é oposta ao ângulo maior, não obstante, desde que isso foi reconhecido uma vez, fica-se tão persuadido da verdade de um quanto do outro. E, no que tange a Deus, por certo, se meu espírito não estivesse prevenido por nenhum preconceito e se meu pensamento não se achasse distraído pela presença contínua das imagens das coisas

sensíveis, não haveria coisa alguma que eu conhecesse mais 55
nem mais facilmente do que ele. Pois, há algo por si só mais claro e mais manifesto do que pensar que há um Deus, ou seja, um ser soberano e perfeito, o único em cuja ideia a existência necessária ou eterna está compreendida e, por conseguinte, que existe?[9]

[12] E embora para conceber bem essa verdade eu tenha necessitado de uma grande aplicação de espírito, todavia, no presente não somente estou tão seguro dela quanto de tudo que me parece o mais certo; mas, além disso, noto que a certeza de todas as outras coisas depende tão absolutamente dela que, sem esse conhecimento, é impossível um dia poder saber algo perfeitamente.

[13] Pois, ainda que eu seja de uma natureza tal que, tão logo compreenda alguma coisa muito clara e muito distintamente, sou naturalmente levado a acreditá-la verdadeira[10], não obstante, porque sou também de uma natureza tal que não posso ter o espírito sempre preso a uma mesma coisa, e porque me lembro amiúde de ter julgado uma coisa ser verdadeira, quando deixo de considerar as razões que me obrigaram a julgá-la tal, pode acontecer durante esse tempo que outras razões se apresentem a mim, as quais me fariam facilmente mudar de opinião, se eu ignorasse que há um Deus. E, assim, jamais eu teria uma ciência verdadeira e certa de qualquer coisa que fosse, mas somente vagas e inconstantes opiniões.

[14] Como, por exemplo, quando considero a natureza do triângulo, conheço com evidência, eu que sou um

9. Latim: *Pois, o que é por si mais manifesto que o sumo ente ser, ou seja, Deus, a cuja só essência pertence a existência, existir?*

10. Latim: *Não possa não crer que é verdadeira.*

pouco versado na geometria, que seus três ângulos são iguais a dois retos, e não me é possível não acreditar nisso, enquanto aplico meu pensamento à sua demonstração; mas, assim que me desvio dela, ainda que me lembre de tê-la claramente compreendido, pode ocorrer facilmente, todavia, que eu duvide de sua verdade, se ignoro que há um Deus. Pois posso persuadir-me de ter sido feito tal pela natureza que possa facilmente enganar-me, mesmo nas coisas que creio compreender com a maior evidência e certeza; visto principalmente que me lembro de ter estimado amiúde muitas coisas como verdadeiras e certas, as quais, mais tarde, outras razões me levaram a julgar absolutamente falsas.

[15] Mas, depois que reconheci que há um Deus, porque ao mesmo tempo reconheci também que todas as coisas dependem dele, e que ele não é enganador, e que por causa disso julguei que tudo o que concebo clara e distin-
56 tamente não pode deixar de ser verdadeiro, ainda que não pense mais nas razões pelas quais julguei ser isso verdadeiro, contanto que me lembre de tê-lo clara e distintamente compreendido, não me podem trazer nenhuma razão contrária que me faça jamais colocá-lo em dúvida; e assim tenho uma ciência verdadeira e certa disso. E esta mesma ciência se estende também a todas as outras coisas que lembro ter outrora demonstrado, como às verdades da geometria e outras semelhantes; pois o que me podem objetar para obrigar-me a colocá-las em dúvida[11]? Dir-me-ão que minha natureza é tal que sou muito sujeito a equivocar-me? Mas já sei que não posso enganar-me nos juízos cujas razões conheço claramente. Dir-me-ão que outrora

11. Acréscimo do francês: *para obrigar-me a colocá-las em dúvida.*

tive como verdadeiras e certas muitas coisas que reconheci mais tarde serem falsas? Mas eu não conhecera clara nem distintamente nenhuma daquelas coisas e, não sabendo ainda essa regra pela qual me asseguro da verdade, fora levado a acreditar nelas por razões que reconheci depois serem menos fortes do que as imaginara então. Que mais poderão, pois, objetar-me? Que talvez eu durma (como eu próprio me objetara antes), ou então que todos os pensamentos que tenho agora não são mais verdadeiros do que os devaneios que imaginamos estando adormecidos? Mas, ainda que[12] eu dormisse, tudo o que se apresenta ao meu espírito com evidência é absolutamente verdadeiro. E assim reconheço muito claramente que a certeza e a verdade de toda ciência depende do só conhecimento do verdadeiro Deus; de sorte que, antes de o conhecer, eu não podia saber perfeitamente nenhuma outra coisa[13]. E, agora que o conheço, tenho o meio de adquirir uma ciência perfeita no tocante a uma infinidade de coisas, não só daquelas que estão nele, mas também daquelas que pertencem à natureza corporal, na medida em que ela pode servir de objeto às demonstrações dos geômetras, os quais não fazem caso de sua existência[14].

....

12. Latim: *mas isso não mudaria nada, pois ainda que.*

13. Deus é o fundamento de todas as verdades, e sem ele nunca estaríamos absolutamente certos de nada, já que não haveria nenhuma garantia da coincidência entre nossas ideias e o mundo. Por isso, dirá Descartes significativamente em outro lugar, um ateu matemático nunca poderia sequer estar certo da verdade de seus cálculos, mesmo que todos funcionassem com perfeição.

14. Latim: *Agora, porém, inúmeras coisas tanto do próprio Deus e de outras coisas intelectuais quanto também de toda essa natureza corpórea que é o objeto da pura mathesis podem ser-me completamente conhecidas e certas.*

Da existência das coisas materiais e da distinção real entre a alma e o corpo do homem

[1] Agora já não me resta senão examinar se há coisas materiais; e, por certo, ao menos já sei que as pode haver[1], na medida em que são consideradas o objeto das demonstrações de geometria[2], visto que dessa forma as concebo com muita clareza e distinção. Pois não há dúvida de que Deus tem a potência de produzir todas as coisas que sou capaz de conceber com distinção; e jamais julguei que lhe fosse impossível fazer alguma coisa, a não ser quando eu encontrava contradição em poder concebê-la bem. Ademais, a faculdade de imaginar que está em mim, e da qual vejo por experiência que me utilizo quando me aplico à consideração das coisas materiais, é capaz de persuadir-me da existência delas; pois, quando considero atentamente o que é a imaginação, vejo que ela nada mais é que uma

....

1. Anteriormente foram estabelecidos dois modos de ser e existir: a existência necessária por si mesmo, quando a própria essência de algo implica sua existência, e a existência por outro, quando uma coisa depende de outra para existir e, portanto, sua existência é sempre possível. No primeiro caso, está somente Deus; no segundo, as coisas restantes, inclusive as materiais; daí se poder partir desse suposto: as coisas materiais são, pelos menos, possivelmente existentes.

2. Latim: *demonstrações da pura mathesis.*

certa aplicação da faculdade que conhece ao corpo que lhe é intimamente presente e, portanto, que existe.

[2] E, para tornar isso muito manifesto, assinalo primeiramente a diferença que existe entre a imaginação e a pura intelecção ou concepção. Por exemplo, quando imagino um triângulo, não o concebo somente como uma figura composta e compreendida por três linhas, mas, além disso, considero essas três linhas como presentes pela força e pela aplicação interior de meu espírito; e é a isso propriamente que chamo imaginar. Que, se quero pensar num quiliógono, concebo na verdade que é uma figura composta de mil lados tão facilmente quanto concebo que um triângulo é uma figura composta por três lados somente; mas não posso imaginar os mil lados de um quiliógono, como faço com os três de um triângulo, nem por assim dizer olhá-los como presentes com os olhos de meu espírito[3]. E embora, seguindo o costume que tenho de servir-me sempre de minha imaginação, quando penso nas coisas corporais, aconteça que, concebendo um quiliógono, eu me represente confusamente alguma figura, é muito evidente, todavia, que essa figura não é um quiliógono, uma vez que não difere de forma alguma daquela que me representaria se pensasse num miriógono, ou em qualquer
58 outra figura de muitos lados; e que ela não serve de modo algum para descobrir as propriedades que fazem a diferença entre o quiliógono e os outros polígonos.

[3] Que, se se trata de considerar um pentágono, é bem verdadeiro que posso conceber sua figura, tal como a de um quiliógono, sem o auxílio da imaginação; mas também posso imaginá-la aplicando a atenção de meu espírito a

3. Acréscimo do francês: *com os olhos de meu espírito.*

cada um de seus cinco lados e conjuntamente à área, ou ao espaço que encerram. Assim conheço claramente que tenho necessidade de uma particular contenção de espírito para imaginar, da qual não me sirvo para conceber; e essa particular contenção de espírito mostra com evidência a diferença que há entre a imaginação e a intelecção ou concepção pura[4].

[4] Observo, além disso, que essa virtude de imaginar que existe em mim, na medida em que difere da potência de conceber, não é de modo algum necessária à minha natureza ou à minha essência, ou seja, à essência de meu espírito; pois, ainda que não a tivesse, não há dúvida de que eu permaneceria sempre o mesmo que sou agora: daí parece que se possa concluir que ela depende de alguma coisa que difere de meu espírito. E concebo facilmente que, se existe algum corpo ao qual meu espírito seja conjunto e unido de tal modo que ele se possa aplicar a considerá-lo quando lhe apraz, pode ser que por esse meio ele imagine as coisas corporais; de sorte que essa forma de pensar somente difere da pura intelecção pelo fato de o espírito, concebendo, voltar-se de alguma forma para si mesmo e considerar alguma das ideias que tem em si; mas, imaginando, ele se volta para o corpo e nele considera algo de conforme à ideia que formou de si mesmo ou recebeu pelos sentidos. Concebo facilmente, digo, que a

....

4. A imaginação demanda um grande esforço, em certos casos bem maior que a concepção. Por exemplo, o polígono de mil lados é facilmente concebido e pode ter suas propriedades geométricas consideradas, no entanto com extrema dificuldade seria imaginado, pois para isso é necessária a aplicação do espírito e a consequente figuração; mas como algum homem formaria, senão confusamente, uma figura de mil lados? De todo modo, fica reforçada a possibilidade da existência dos corpos, porquanto a imaginação supõe corpos.

imaginação pode se dar dessa forma, se é verdade que haja corpos; e porque não posso encontrar nenhuma outra via para explicar como ela se dá, conjeturo disso, provavelmente, que os há; mas é apenas provavelmente, e, embora examine cuidadosamente todas as coisas, não obstante, não vejo que dessa ideia distinta da natureza corporal, que tenho em minha imaginação, possa tirar algum argumento que conclua necessariamente a existência de algum corpo.

[5] Ora, acostumei-me a imaginar muitas outras coisas, além dessa natureza corporal que é o objeto da geometria[5], a saber, as cores, os sons, os sabores, a dor, e outras coisas semelhantes, embora menos distintamente. E, visto que percebo muito melhor essas coisas pelos sentidos, por cujo intermédio, e da memória, elas parecem ter che-
59 gado até a minha imaginação, creio que, para examiná-las mais comodamente, é oportuno que eu examine ao mesmo tempo o que é sentir, e que veja se das ideias que recebo em meu espírito por essa forma de pensar, que chamo sentir, posso tirar alguma prova certa da existência das coisas corporais.

[6] E, primeiramente, repassarei em minha memória quais são as coisas que mais acima tive por verdadeiras, como as tendo recebido pelos sentidos, e sobre quais fundamentos minha crença se apoiava. E, em seguida, examinarei as razões que depois me obrigaram a colocá-las em dúvida. E, enfim, considerarei aquilo em que devo acreditar agora[6].

....

5. Latim: *o objeto da pura mathesis.*

6. Quanto à retomada dos argumentos da Meditação Primeira que se seguirá, importa lembrar que serão agora analisados sob um prisma renovado, afinal quase todo o percurso já foi feito: o cogito, a veracidade divina, o estudo das causas do erro.

[7] Primeiramente, então, senti que tinha uma cabeça, mãos, pés, e todos os outros membros de que é composto esse corpo que eu considerava como uma parte de mim mesmo, ou talvez, também, como o todo. Ademais, senti que esse corpo estava colocado entre muitos outros, dos quais ele era capaz de receber diversas comodidades e incomodidades, e notava essas comodidades por um certo sentimento de prazer ou voluptuosidade, e as incomodidades por um sentimento de dor. E, além desse prazer e dessa dor, sentia também em mim a fome, a sede e outros apetites semelhantes, bem como certas inclinações corporais para a alegria, a tristeza, a cólera e outras paixões semelhantes. E no exterior, além da extensão, das figuras, dos movimentos dos corpos, eu notava neles dureza, calor, e todas as outras qualidades que incidem sob o tato. Além disso, neles notava luz, cores, odores, sabores e sons, cuja variedade me dava meio de distinguir o céu, a terra, o mar e, em geral, todos os outros corpos uns dos outros.

[8] E, por certo, considerando as ideias de todas essas qualidades que se apresentavam ao meu pensamento, e que eram as únicas que eu sentia própria e imediatamente, não era sem razão que acreditava sentir coisas inteiramente diferentes de meu pensamento, a saber, corpos de onde procediam essas ideias. Pois eu experimentava que elas se apresentavam a ele sem que meu consentimento fosse requerido para isso; de sorte que eu não podia sentir nenhum objeto, por mais vontade que tivesse disso, se ele não se achasse presente ao órgão de um de meus sentidos; e não estava de modo algum em meu poder não o sentir, quando estava presente a ele.

[9] E, porque as ideias que eu recebia pelos sentidos 60
eram muito mais vivas, mais expressas e mesmo, à sua

maneira, mais distintas do que qualquer uma daquelas que eu podia fingir[7] por mim mesmo meditando, ou então que encontrava impressas em minha memória, parecia que elas não podiam proceder de meu espírito; de forma que era necessário que fossem causadas em mim por algumas outras coisas. Coisas das quais, não tendo nenhum conhecimento, a não ser aquele que essas próprias ideias me davam, outra coisa não me podia vir ao espírito, a não ser que aquelas coisas eram semelhantes às ideias que elas causavam.

[10] E, porque lembrava também de que me servira mais dos sentidos do que da razão, e porque reconhecia que as ideias que eu formava por mim mesmo não eram tão expressas quanto as que recebia pelos sentidos, e mesmo que o mais das vezes eram compostas de partes destas, persuadia-me facilmente de que não tinha ideia nenhuma em meu espírito que não tivesse passado antes por meus sentidos[8].

[11] Também não era sem certa razão que eu acreditava que esse corpo (o qual, por um certo direito particular, eu chamava meu) me pertencia mais propriamente e mais intimamente do que outro. Pois, de fato, dele jamais podia ser separado como dos outros corpos; sentia nele e para ele todos os meus apetites e todas as minhas afecções;

....

7. Latim: *que ciente e com propósito eu fingia.*

8. Era concepção comum entre os empiristas que toda ideia formava-se a partir dos dados sensíveis; Gassendi, por exemplo, sustentará fortemente tal concepção contra Descartes nas Quintas Objeções. O sensualismo fazia parte das antigas crenças do filósofo que começou a Meditação Primeira e que, por meio da dúvida, renegou todas como falsas; entretanto, poderiam ser agora validadas as ideias formadas pelos sentidos? Por ora, é de notar apenas esse aspecto da involuntariedade: as ideias sensíveis são muito "vivas", "expressas", e nos caem sob o espírito sem qualquer consentimento.

enfim era eu tocado por sentimentos de prazer e de dor em suas partes, e não naquelas dos outros corpos, que dele são separados.

[12] Mas, quando examinava por que deste não sei qual sentimento de dor segue-se a tristeza no espírito, e do sentimento de prazer nasce a alegria, ou então por que essa não sei qual emoção do estômago, que chamo fome, nos faz ter vontade de comer, e a secura da garganta nos faz ter vontade de beber, e assim por diante, disso não podia dar nenhuma razão, a não ser que a natureza mo ensinava desse modo; pois não há decerto afinidade alguma nem relação alguma (ao menos que eu possa compreender) entre essa emoção do estômago e o desejo de comer, tampouco entre o sentimento da coisa que causa dor e o pensamento de tristeza que faz nascer tal sentimento. E, do mesmo modo, parecia-me que aprendera da natureza todas as outras coisas que eu julgava no tocante aos objetos de meus sentidos; porque notava que os juízos que costumava fazer desses objetos se formavam em mim antes que eu tivesse o lazer de pesar e considerar algumas razões que me pudessem obrigar a fazê-los[9].

[13] Entretanto, mais tarde, várias experiências arrui- 61
naram pouco a pouco todo o crédito que eu dera aos sentidos. Pois várias vezes observei que torres, que de longe me haviam parecido redondas, de perto me pareciam ser quadradas; e que colossos, erguidos sobre os mais altos topos daquelas torres, pareciam-me pequenas estátuas ao olhá-los de baixo; e, assim, numa infinidade de outras si-

....

9. De novo a involuntariedade desses juízos formados a partir de ensinamentos da natureza a que assentíamos rapidamente e sem consideração pensada; eis os prejuízos de que Descartes cuidara de se desvencilhar na Meditação Primeira, pondo-os sob dúvida.

tuações, encontrei erro nos juízos fundados sobre os sentidos exteriores. E não somente sobre os sentidos exteriores, mas mesmo sobre os interiores; pois há coisa mais íntima ou mais interior do que a dor? E, no entanto, outrora soube de algumas pessoas que tinham os braços e as pernas amputados, que por vezes parecia-lhes ainda sentir dor na parte que lhes fora amputada; o que me dava motivo de pensar que também eu não podia estar seguro de ter um mal em algum de meus membros, embora nele sentisse dor[10].

[14] E a essas razões de duvidar acrescentei ainda há pouco duas outras muito gerais. A primeira é que, estando acordado, jamais acreditei sentir nada que não possa também por vezes acreditar sentir quando durmo; e como não creio que as coisas que me parece que sinto dormindo procedem de alguns objetos fora de mim, não via por que devia ter antes essa crença, tocante àquelas que me parece que sinto acordado. E a segunda é que, não conhecendo ainda, ou melhor, fingindo não conhecer o autor de meu ser, nada via que pudesse impedir que eu fosse feito tal pela natureza que me enganasse mesmo nas coisas que me pareciam as mais verdadeiras.

[15] E, quanto às razões que antes me haviam persuadido da verdade das coisas sensíveis, eu não tinha muita

....

10. Trata-se da ilusão dos amputados, clássico argumento que não apareceu na Meditação Primeira, mas só agora, quando é preciso conhecer mais profundamente os limites e as possibilidades dos sentimentos. Na imediata posteridade cartesiana, sobretudo se pensarmos num Malebranche, o argumento será decisivo para determinar, a despeito da Meditação Sexta, a absoluta confusão do conhecimento sensível e até a ausência de provas da existência do mundo exterior ao próprio sujeito pensante. De Malebranche, há um opúsculo traduzido para o português: *Diálogo de um filósofo cristão e de um filósofo chinês*, Lisboa, Ed. 70, 1990; sobre suas críticas a Descartes, cf. o livro de G. Rodis-Lewis, *Descartes e o racionalismo*, indicado na bibliografia.

dificuldade para responder a isso. Pois, como a natureza parecia levar-me a muitas coisas de que a razão me desviava, não acreditava dever confiar muito nos ensinamentos dessa natureza. E, embora as ideias que recebo pelos sentidos não dependam de minha vontade, eu não pensava que por isso se devesse concluir que elas procediam de coisas diferentes de mim, uma vez que talvez possa encontrar-se em mim alguma faculdade (se bem que até aqui ela me seja desconhecida) que seja a causa delas e as produza.

[16] Mas, agora que começo a conhecer melhor a mim mesmo e a descobrir mais claramente o autor de minha origem, na verdade não penso que deva temerariamente admitir todas as coisas que os sentidos parecem ensinar-nos, mas não penso também que deva colocá-las todas em geral em dúvida[11].

[17] E, primeiramente, porque sei que todas as coisas 62
que concebo clara e distintamente podem ser produzidas por Deus tais como as concebo, basta que eu possa conceber clara e distintamente uma coisa sem uma outra para estar certo de que uma é distinta ou diferente da outra, porque podem ser postas separadamente, ao menos pela onipotência de Deus; e não importa por qual potência se faça essa separação, para obrigar-me a julgá-las diferentes. E, portanto, pelo próprio fato de que eu conheço com certeza que existo, e que, no entanto, não noto que pertença necessariamente nenhuma outra coisa à minha natureza ou à minha essência a não ser que sou uma coisa que pensa, concluo muito bem que minha essência consiste apenas nisto: sou uma coisa que pensa, ou uma substância cuja

11. Note-se que, diferentemente da radicalidade do início da obra, aqui surge uma primeira nuança: não se pode admitir tudo o que é recebido pelos sentidos, mas também, por outro lado, não parece razoável duvidar de tudo.

essência toda ou natureza é somente pensar[12]. E, embora talvez (ou melhor, certamente, como logo o direi) eu tenha um corpo ao qual sou muito estreitamente conjunto, não obstante, porque de um lado tenho uma ideia clara e distinta de mim mesmo, na medida em que sou apenas uma coisa que pensa e não extensa, e que, do outro, tenha uma ideia distinta do corpo, na medida em que ele é apenas uma coisa extensa e que não pensa, é certo que esse eu, ou seja, minha alma, pela qual sou o que sou[13], é inteira e verdadeiramente distinta de meu corpo e pode ser ou existir sem ele[14].

[18] Mais ainda, encontro em mim faculdades de pensar muito particulares e distintas de mim[15], a saber, as faculdades de imaginar e de sentir, sem as quais bem posso conceber-me clara e distintamente por inteiro, mas não elas sem mim, ou seja, sem uma substância inteligente a que estejam ligadas. Pois, na noção que temos dessas faculdades, ou (para me servir de termos da Escola) em seu conceito formal, elas encerram algum tipo de intelecção: donde concebo que são distintas de mim, como as figuras, os movimentos e os outros modos ou acidentes dos corpos o são dos próprios corpos que os sustentam[16].

[19] Reconheço também em mim[17] algumas outras faculdades, como as de mudar de lugar, de colocar-me em várias posturas[18], e outras semelhantes, que não podem ser

12. De *ou uma substância* até aqui há um acréscimo do francês.

13. Acréscimo do francês: *ou seja, minha alma, pela qual sou o que sou.*

14. Tem-se, enfim, a prova da distinção real entre a alma e o corpo anunciada no título das *Meditações.*

15. Acréscimo do francês: *e distintas de mim.*

16. Latim: *são distintas de mim como os modos o são das coisas.*

17. Acréscimo do francês: *em mim.*

18. Latim: *de assumir várias figuras.*

concebidas, não mais que as precedentes, sem alguma substância a que estejam ligadas, nem, por conseguinte, existir sem elas; mas é muito evidente que tais faculdades, se é verdade que existem, devem estar ligadas a alguma substância corporal ou extensa, e não a uma substância inteligente, já que, em seu conceito claro e distinto, há mesmo algum tipo de extensão que se encontra contida, mas de forma alguma inteligência[19]. Ademais, encon- 63
tra-se em mim uma certa faculdade passiva de sentir, ou seja, de receber e de conhecer as ideias das coisas sensíveis; mas ela me seria inútil, e eu não poderia de forma alguma servir-me dela, se não houvesse em mim, ou em outrem, uma outra faculdade ativa, capaz de formar e produzir essas ideias. Ora, essa faculdade ativa não pode existir em mim na medida em que sou apenas uma coisa que pensa, visto que ela não pressupõe meu pensamento[20] e também que tais ideias amiúde me são representadas sem que eu contribua para isso de algum modo, e amiúde mesmo contra a minha vontade; é preciso então necessariamente que ela exista em alguma substância diferente de mim, na qual toda a realidade, que está objetivamente nas ideias que dela são produzidas, esteja contida formal ou eminentemente (como assinalei acima). E essa substância é ou um corpo, ou seja, uma natureza corporal, na qual

....

19. Para Descartes, uma substância (por ex., a extensão) é conhecida por seus atributos ou qualidades (por ex., mover-se, posicionar-se, etc.), que, por sua vez, devem necessariamente estar ligados a uma substância. Com isso, por meio da percepção dos atributos, há o anúncio da provável existência de uma substância (que não pode ser o pensamento) que seja o suporte das qualidades da extensão reconhecidas.

20. Latim: *essa faculdade ativa não pode seguramente estar em mim, porque não pressupõe absolutamente nenhuma intelecção.*

está contido formalmente e de fato tudo o que está objetivamente e por representação nas ideias; ou então é Deus mesmo, ou alguma outra criatura mais nobre do que o corpo, na qual isso mesmo está contido eminentemente[21].

[20] Ora, não sendo Deus enganador, é muito manifesto que ele não me envia por si mesmo imediatamente essas ideias, tampouco por intermédio de alguma criatura, na qual a realidade delas não esteja contida formalmente, mas apenas eminentemente. Pois, não me tendo dado nenhuma faculdade para conhecer que seja assim, mas, ao contrário, uma enorme inclinação para crer que elas me são enviadas ou que partem das coisas corporais, não vejo como se poderia desculpá-lo pelo engano, se de fato tais ideias partissem ou fossem produzidas por outras causas que não as coisas corporais. E, portanto, é preciso confessar que há coisas corporais que existem[22].

[21] Todavia, talvez elas não sejam inteiramente tais como as percebemos pelos sentidos, pois essa percepção dos sentidos é muito obscura e confusa em várias coisas; mas, pelo menos, há que admitir que todas as coisas que neles concebo clara e distintamente, ou seja, todas as coi-

....

21. Deu-se já um passo: existe algo exterior a mim e que é causa das ideias de coisas sensíveis que tenho; porém, qual é esta causa: os corpos ou Deus?

22. Eis a prova da existência das coisas corporais, realizada com o contributo da veracidade divina. A causa das ideias de coisas sensíveis seria Deus ou os corpos? Com a primeira hipótese, haveria um engano; entretanto, já sabemos, Deus não é enganador; logo, corpos materiais existentes devem ser a causa das ideias de corpos materiais. Um problema visível a ser levantado por muitos intérpretes é que a veracidade divina atua na Meditação Sexta validando não uma ideia clara e distinta, mas uma "enorme inclinação para crer". Ora, muitos questionarão o valor dessa prova e um Malebranche, pondo o peso sobre o "crer", dirá que não se trata de um argumento concludente e, se podemos afirmar a existência das coisas corporais, não o fazemos fundados em demonstrações, mas apenas na revelação divina posta nas Escrituras.

sas, falando de modo geral, que estão compreendidas no objeto da geometria especulativa, nele encontram-se verdadeiramente. Mas, no que diz respeito às outras coisas, as quais ou são somente particulares, por exemplo, que o Sol seja de tal grandeza ou de tal figura, etc., ou então são concebidas com menos clareza e menos distinção, como a luz, o som, a dor, e outras semelhantes, é certo que
ainda que sejam muito duvidosas e incertas, todavia, só 64
pelo fato de Deus não ser enganador e, por conseguinte, não ter permitido que pudesse haver alguma falsidade em minhas opiniões, de também me ter dado alguma faculdade capaz de corrigi-la, creio poder concluir seguramente que tenho em mim os meios de conhecê-las com certeza[23].

[22] E, primeiramente, não há dúvida de que tudo o que a natureza me ensina contém alguma verdade. Pois, pela natureza, considerada em geral, agora não entendo outra coisa a não ser o próprio Deus, ou então a ordem e a disposição que Deus estabeleceu nas coisas criadas. E, por minha natureza em particular, não entendo outra coisa a não ser a complexão ou a reunião de todas as coisas que Deus me deu.

[23] Ora, não há nada que essa natureza me ensine mais expressamente, nem mais sensivelmente, exceto que tenho um corpo que fica indisposto quanto sinto dor, que necessita comer ou beber quando tenho os sentimentos da fome ou da sede, etc. E, portanto, não devo ter a menor dúvida de que nisso haja alguma verdade[24].

....

23. Latim: *de corrigi-la, apresentou-se-me uma esperança certa de também nelas alcançar a verdade.* E, se tenho tais meios de conhecer as coisas extensas, é possível que a física seja uma ciência certa.

24. Alguma verdade, não porém uma verdade científica tão clara e distinta quanto as relativas a Deus ou às matemáticas.

[24] A natureza me ensina também por esses sentimentos de dor, de fome, de sede, etc., que não estou somente alojado em meu corpo, assim como um piloto em seu navio[25], mas, além disso, que lhe sou estreitamente conjunto e tão confundido e misturado que componho como que um único todo com ele. Pois, se assim não fosse, quando meu corpo fosse ferido, nem por isso sentiria dor, eu, que sou apenas uma coisa que pensa, mas perceberia o ferimento apenas pelo entendimento, como um piloto percebe pela vista se algo se rompe em seu barco; e, quando meu corpo necessitasse beber ou comer, conheceria simplesmente isso mesmo, sem disso ser avisado por sentimentos confusos de fome e de sede. Pois, de fato, todos esses sentimentos de fome, de sede, de dor, etc., nada mais são do que certas formas confusas de pensar, que provêm e dependem da união e como que da mistura do espírito com o corpo.

[25] Além disso, a natureza me ensina que existem vários outros corpos ao redor do meu, entre os quais devo perseguir uns e fugir dos outros. E, por certo, por eu sentir diferentes tipos de cores, de odores, de sabores, de sons, de calor, de dureza, etc., concluo muito bem que há nos corpos, dos quais procedem todas essas diversas percepções dos sentidos, algumas variedades que lhes correspondem, embora, talvez, essas variedades não lhes sejam de fato semelhantes. E, também, do fato de que, dessas di-
65 versas percepções dos sentidos, umas me são agradáveis

....

25. Descartes retoma uma fórmula escolástica. Embora todo o percurso meditativo nos tenha conduzido ao reconhecimento e distinção de apenas duas substâncias finitas, extensão e pensamento, existe ainda lugar para uma espécie de terceira substância, composta: o homem, que, mais que uma simples conjunção, é na verdade uma "mistura" de pensamento e extensão.

e outras desagradáveis, posso tirar uma consequência de todo certa: meu corpo (ou melhor, eu mesmo por inteiro, na medida em que sou composto do corpo e da alma) pode receber diversas comodidades ou incomodidades dos outros corpos que o rodeiam.

[26] Mas há várias outras coisas que parece que a natureza me ensinou, as quais, todavia, não recebi verdadeiramente dela, mas que se introduziram em meu espírito por certo costume que tenho de julgar coisas inconsideradamente; e, assim, pode facilmente ocorrer que elas contenham alguma falsidade. Como, por exemplo, que tenho opinião de que todo espaço em que não há nada que se mova e cause impressão aos meus sentidos é vazio; de que, num corpo que é quente, há algo de semelhante à ideia do calor que existe em mim; de que, num corpo branco ou negro, há a mesma brancura ou negrume que sinto; de que, num corpo amargo ou doce, há o mesmo gosto ou o mesmo sabor, e o mesmo com outros; que os astros, as torres e todos os outros corpos distantes são da mesma figura e grandeza que parecem ter de longe aos nossos olhos, etc.[26]

[27] Mas, a fim de que nisso não haja nada que eu não conceba distintamente, devo definir precisamente o que entendo propriamente quando digo que a natureza me ensina alguma coisa. Pois tomo aqui a natureza num significado mais estrito do que quando a chamo de reunião ou de complexão de todas as coisas que Deus me deu; visto que essa reunião ou complexão compreende muitas

....

26. Mesmo que exista "alguma verdade" nos sentimentos, eles ainda assim são confusos, e minha representação do mundo sensível nem sempre corresponde exatamente à realidade desse mundo. Este descompasso leva a reservas sobre o alcance dos ensinamentos naturais.

coisas que pertencem unicamente ao espírito, das quais não pretendo falar aqui ao falar da natureza; como, por exemplo, a noção que tenho desta verdade: o que foi feito uma vez já não pode não ter sido feito, e uma infinidade de outras semelhantes, que conheço pela luz natural, sem a ajuda do corpo, e que ela compreende também várias outras que pertencem apenas ao corpo sozinho e aqui tampouco estão contidas sob o nome de natureza[27], como a qualidade que ele tem de ser pesado, e várias outras semelhantes, das quais também não falo, mas somente das coisas que Deus me deu, como sendo composto do espírito e do corpo. Ora, essa natureza bem me ensina a fugir das coisas que causam em mim o sentimento da dor e a dirigir-me àquelas que me comunicam algum sentimento de prazer; mas não vejo que, além disso, ela me ensine que, dessas diversas percepções dos sentidos, jamais devíamos tirar nenhuma conclusão sobre as coisas que estão fora de nós, sem que o espírito as tenha cuidadosa e maduramente examinado[28]. Pois é, ao que me parece, ape-
66 nas ao espírito, e não ao composto do espírito e do corpo, que compete conhecer a verdade dessas coisas.

[28] Assim, embora uma estrela não cause mais impressão em meus olhos do que o fogo de uma pequena chama, não há em mim, todavia, nenhuma faculdade real ou

....

27. Acréscimo do francês: *e aqui tampouco estão contidas sob o nome de natureza.*

28. A verdade das sensações, dos ensinamentos naturais, referem-se ao composto corpo-espírito, e embora não tenham um valor de conhecimento racional nem digam exatamente o que é o real, tarefa reservada ao só espírito, são muito úteis para a vida. Desrespeitada essa demarcação, porém, como se verá nos parágrafos seguintes, não haverá mais que obscuridade e confusão, pois então ilegitimamente os ensinamentos naturais seriam tomados como meios para o conhecimento de algo que não lhes diz respeito, a saber, realidade não-sensível.

natural[29] que me leve a crer que ela não é maior do que esse fogo, mas eu o julguei assim desde meus primeiros anos sem nenhum fundamento racional. E, embora aproximando-me do fogo eu sinta calor, e mesmo aproximando-me um pouco demais eu sinta dor, não há todavia nenhuma razão que me possa persuadir de que há no fogo algo semelhante a esse calor, bem como a essa dor; mas somente de que tenho razão de acreditar que há algo nele, seja o que for, que excita em mim esses sentimentos de calor ou de dor.

[29] Assim também, embora haja espaços nos quais nada encontro que excite e mova meus sentidos, nem por isso devo concluir que esses espaços não contêm em si nenhum corpo; mas vejo que me acostumei, tanto nisso como em várias outras coisas semelhantes, a perverter e confundir a ordem da natureza, porque, como esses sentimentos ou percepções dos sentidos só foram postos em mim para informar a meu espírito quais coisas são convenientes ou nocivas ao composto de que ele é parte, e até então eram bastante claras e bastante distintas, ainda assim sirvo-me delas como se fossem regras muito certas, pelas quais possa conhecer imediatamente a essência e a natureza dos corpos que existem fora de mim, da qual, todavia, elas só podem ensinar-me algo muito obscuro e confuso.

[30] Entretanto, acima já examinei como, não obstante a soberana bondade de Deus, acontece que haja falsidade nos juízos que faço dessa maneira. Só que, também aqui, se apresenta uma dificuldade referente às coisas que a natureza me ensina deverem ser seguidas ou evitadas,

....

29. Latim: *nenhuma propensão real ou positiva.*

e também referente aos sentimentos interiores que ela pôs em mim; pois parece-me nela ter algumas vezes notado erro e, assim, que sou diretamente enganado por minha natureza[30]. Como, por exemplo, o gosto agradável de certa carne na qual misturaram veneno pode convidar-me a tomar esse veneno e, assim, enganar-me. É verdade, todavia, que nisso a natureza pode ser desculpada, pois ela me leva somente a desejar a carne na qual encontro um
67 sabor agradável, e não a desejar o veneno, o qual lhe é desconhecido; de forma que disso não posso concluir outra coisa senão que minha natureza não conhece inteira e universalmente todas as coisas; disso, por certo, não há motivo para espanto, uma vez que o homem, sendo de uma natureza finita, pode ter apenas também um conhecimento de perfeição limitada.

[31] Mas também nos enganamos com bastante frequência, mesmo nas coisas a que somos levados diretamente pela natureza, como acontece aos doentes, quando desejam beber ou comer coisas que lhes podem ser nocivas[31]. Talvez se diga aqui que a causa de se enganarem é a natureza deles ser corrompida; mas isso não elimina a dificuldade, porque um homem doente não é menos verdadeiramente a criatura de Deus do que um homem que está com plena saúde; e, portanto, tanto repugna à bondade de Deus que ele tenha uma natureza enganadora e

....

30. Acréscimo do francês: *e, assim, que sou diretamente enganado por minha natureza.*

31. Na Meditação Quarta investigaram-se os erros relacionados com o conhecimento intelectual e também em que medida Deus seria responsável por eles. Aqui, o problema retorna, mas relativamente ao conhecimento sensível. Se este tem um valor vital para o homem, como admitir que às vezes nos enganemos? Isto não levaria a concluir que Deus, que nos criou tais como somos, é responsável por esses erros?

deficiente quanto o outro. E como um relógio, composto de rodas e de contrapesos, não observa com menos exatidão todas as leis da natureza quando é malfeito e não mostra bem as horas, do que quando satisfaz inteiramente ao desejo do operário, assim também, se considero o corpo do homem como sendo uma máquina construída e composta de ossos, de nervos, de músculos, de veias, de sangue e de pele de tal modo que, ainda que nele não houvesse nenhum espírito, ele não deixaria de mover-se de todas as mesmas formas que faz presentemente, quando não se move pela direção de sua vontade nem, por conseguinte, pela ajuda do espírito, mas somente pela disposição de seus órgãos[32], reconheço facilmente que seria tão natural a esse corpo, estando, por exemplo, hidrópico, sofrer secura da garganta, que costuma informar ao espírito o sentimento da sede, e ser disposto por essa secura a mover seus nervos e suas outras partes, da forma requerida para beber, e assim aumentar seu mal e prejudicar a si mesmo, quanto lhe é natural, quando não tem nenhuma indisposição, ser levado a beber para a sua utilidade por uma secura igual da garganta. E embora, no que tange ao uso a que o relógio foi destinado por seu operário, possa eu dizer que ele se desvia de sua natureza quando não marca bem as horas; e embora, da mesma forma, considerando a máquina do corpo humano como tendo sido formada por Deus para ter em si todos os movimentos que nela costumam existir, eu tenha motivos para pensar que ela não segue a ordem de sua natureza, quando sua garganta está seca e o beber prejudica-lhe a sua conservação; reconheço, todavia, que esta última ma-

....

32. Acréscimo do francês: *mas somente pela disposição de seus órgãos.*

68 neira de explicar a natureza é muito diferente da outra. Pois esta nada mais é do que uma simples denominação, a qual depende inteiramente de meu pensamento, que compara um homem doente e um relógio malfeito com a ideia que tenho de um homem sadio e de um relógio benfeito, e a qual não informa nada que se encontre na coisa de que ela é dita; ao passo que, pela outra maneira de explicar a natureza, entendo alguma coisa que se encontra realmente nas coisas e, portanto, que não deixa de ter alguma verdade.

[32] Mas, por certo, embora no que toca ao corpo hidrópico, essa seja apenas uma denominação exterior, quando se diz que sua natureza está corrompida, porque, sem ter necessidade de beber, ele não deixa de ter a garganta seca e árida, todavia, no que toca ao composto inteiro, ou seja, ao espírito ou à alma unida a esse corpo, essa não é uma pura denominação, mas sim um verdadeiro erro de natureza, porque ele tem sede quando lhe é muito nocivo beber; e, portanto, resta ainda examinar como a bondade de Deus não impede que a natureza do homem, tomada dessa maneira, seja deficiente e enganadora.

[33] Assim, para começar esse exame, observo aqui, primeiramente, que há uma grande diferença entre o espírito e o corpo, pelo fato de o corpo, por sua natureza, ser sempre divisível e de o espírito ser inteiramente indivisível. Pois, com efeito, quando considero meu espírito, ou seja, eu mesmo na medida em que sou somente uma coisa que pensa, nele não posso distinguir nenhuma parte, mas concebo-me como uma coisa única e inteira. E, conquanto todo o espírito pareça estar unido a todo o corpo, todavia, estando separados de meu corpo um pé, ou um braço, ou alguma outra parte, é certo que nem por isso

haverá algo suprimido de meu espírito. E não se pode propriamente dizer que as faculdades de querer, de sentir, de conceber, etc., sejam suas partes: pois o mesmo espírito se dedica por inteiro a querer, e também por inteiro a sentir, a conceber, etc. Mas é exatamente o contrário nas coisas corporais ou extensas: pois não há uma que eu não ponha facilmente em pedaços com meu pensamento, que meu espírito não divida com muita facilidade em várias partes e, por conseguinte, que eu não conheça ser divisível. Isso bastaria para ensinar-me que o espírito ou a alma do homem é inteiramente diferente do corpo, se, de outro 69
lugar eu já não o houvesse aprendido suficientemente[33].

[34] Observo também que o espírito não recebe imediatamente a impressão de todas as partes do corpo, mas somente do cérebro, ou talvez até de uma de suas menores partes, a saber, aquela onde se exerce a faculdade a que chamam o senso comum[34], a qual, todas as vezes que está disposta da mesma maneira, faz o espírito sentir a mesma coisa, embora, no entanto, as outras partes do corpo possam estar dispostas diversamente, como o testemunham uma infinidade de experiências, que aqui não é necessário relatar.

[35] Observo, ademais, que a natureza do corpo é tal que nenhuma de suas partes pode ser movida por outra parte um pouco afastada que não o possa ser também da

....

33. Não é este o lugar de uma nova distinção entre corpo e alma; é suficiente mostrar a diferença abrupta entre essas duas substâncias que, compostas, formam o homem; por extensão, advertir para as dificuldades que envolvem o conhecimento de tudo que se refere ao composto.

34. Acréscimo do francês: *a faculdade a que chamam*. A referência é à glândula pineal, espécie de sede da alma no corpo, lugar pelo qual ela é informada de todas as modificações corporais.

mesma forma por cada uma das partes que estão entre as duas, embora essa parte mais afastada não atue. Como, por exemplo, na corda A B C D que está inteiramente esticada, se viermos a puxar e mexer a última parte D, a primeira A não será mexida de maneira diferente do que poderíamos também fazê-la mover-se se puxássemos uma das partes médias, B ou C, e se a última D permanecesse, porém, imóvel. E, da mesma forma, quando sinto dor no pé, a física me ensina que esse sentimento se comunica por meio dos nervos dispersos no pé, que, estando esticados como cordas desde aí até o cérebro, quando são puxados no pé puxam também, ao mesmo tempo, o lugar do cérebro de onde vêm e no qual terminam e nele excitam um certo movimento, que a natureza instituiu para fazer o espírito sentir dor, como se essa dor fosse no pé. Mas, porque esses nervos devem passar pela perna, pela coxa, pelos rins, pelas costas e pelo pescoço, para estender-se do pé até o cérebro, pode ocorrer que, mesmo que suas extremidades que estão no pé não sejam mexidas, mas somente algumas de suas partes que passam pelos rins ou pelo pescoço[35], isso excite, ainda assim, os mesmos movimentos no cérebro, que nele poderiam ser excitados por um ferimento recebido no pé; por causa disso será necessário que o espírito sinta no pé a mesma dor que se nele houvesse recebido um ferimento[36]. E cumpre julgar o mesmo de todas as outras percepções de nossos sentidos.

[36] Enfim, observo que, já que todos os movimentos que se fazem na parte do cérebro cuja impressão o espí-

....

35. Latim: *que passam pelos intermediários.*

36. Acréscimo do francês: *que se nele houvesse recebido um ferimento.*

rito recebe imediatamente, cada um só causa certo sentimento, nisso não se pode almejar nem imaginar nada de melhor, a não ser que o movimento faça o espírito sentir, entre todos os sentimentos que ele é capaz de causar, 70
aquele que é o mais próprio e o mais ordinariamente útil à conservação do corpo humano quando está em plena saúde. Ora, a experiência nos faz conhecer que todos os sentimentos que a natureza nos deu são tais como acabo de dizer; e, portanto, neles não se encontra nada que não faça aparecer a potência e a bondade do Deus que os produziu[37].

[37] Assim, por exemplo, quando os nervos que estão no pé são mexidos fortemente, e mais do que o comum, seu movimento, passando pela medula da espinha das costas até o cérebro[38], produz uma impressão no espírito que o faz sentir alguma coisa, a saber, dor, como sendo no pé, pela qual o espírito é avisado e excitado a fazer o que puder para expulsar a causa disso, como muito perigosa e nociva ao pé.

[38] É verdade que Deus poderia estabelecer a natureza do homem de tal modo que esse mesmo movimento no cérebro fizesse o espírito sentir coisa totalmente diferente; por exemplo, que ele fizesse sentir a si mesmo, ou na medida em que está no cérebro, ou na medida em que está no pé, ou então em algum outro lugar entre o pé

....

37. Pela consideração do conjunto, descobre-se a perfeição do que à primeira vista pareceria imperfeito e, pior, daria a concluir um Deus não de todo veraz. Os sentidos servem perfeitamente à vida e só acidentalmente, quando o corpo humano não está em plena saúde, podem enganar. Não há então por que aventar um Deus enganador; os sentidos têm uma perfeição e basta conhecê-la bem para que o erro seja evitado.

38. Latim: *até as partes mais íntimas do cérebro.*

e o cérebro, ou, enfim, alguma outra coisa tal como ela pode ser, mas nada disso tudo teria contribuído tanto para a conservação do corpo, quanto o que ele o faz sentir.

[39] Da mesma forma, quando temos necessidade de beber, nasce daí certa secura na garganta, que mexe seus nervos e, por meio deles, as partes interiores do cérebro; e esse movimento faz o espírito sentir o sentimento de sede, porque nessa ocasião não há nada que nos seja mais útil do que saber que temos necessidade de beber para a conservação de nossa saúde; e assim por diante.

[40] Daí é inteiramente manifesto que, não obstante a soberana bondade de Deus, a natureza do homem, na medida em que ele é composto do espírito e do corpo, por vezes possa ser deficiente e enganadora.

[41] Pois, se há alguma causa que excita, não no pé, mas em alguma das partes do nervo que está esticado do pé até o cérebro, ou mesmo no cérebro, o mesmo movimento que se faz ordinariamente quando o pé está indisposto, sentiremos dor como se ela fosse no pé, e o sentido será naturalmente enganado; porque, como um mesmo movimento no cérebro só pode causar no espírito um mes-
71 mo sentimento, e como esse sentimento é com muito mais frequência excitado por uma causa que fere o pé do que por outra que seja noutro lugar, é muito mais razoável que ele leve ao espírito a dor do pé do que a de alguma outra parte. E, embora a secura da garganta nem sempre provenha, como de costume, do fato de beber ser necessário para a saúde do corpo, mas por vezes de uma causa totalmente contrária, como experimentam os hidrópicos, é muito melhor que ela engane nessa ocasião do que se, ao contrário, enganasse sempre quando o corpo está bem disposto; e assim por diante.

[42] E, por certo, essa consideração me é de muita serventia, não só para reconhecer todos os erros aos quais está sujeita a minha natureza, mas também para evitá-los, ou para corrigi-los mais facilmente; pois, sabendo que todos os meus sentidos me informam mais comumente o verdadeiro do que o falso, no tocante às coisas referentes às comodidades ou incomodidades do corpo, e quase sempre podendo servir-me de vários deles para examinar uma mesma coisa e, além disso, podendo usar de minha memória para ligar e juntar os conhecimentos presentes aos passados, e de meu entendimento que já descobriu todas as causas de meus erros, de agora em diante já não devo temer que haja falsidade nas coisas que me são o mais comumente representadas por meus sentidos. E devo rejeitar todas as dúvidas desses dias passados, como hiperbólicas e ridículas, particularmente a incerteza tão geral quanto ao sono, que eu não podia distinguir da vigília; pois no presente encontro aí uma notabilíssima diferença, pelo fato de que nossa memória jamais pode ligar e juntar nossos sonhos uns aos outros e com toda a sequência de nossa vida, assim como costuma juntar as coisas que nos ocorrem estando em vigília. E, com efeito, se enquanto estou de vigília alguém me aparecesse de repente e desaparecesse da mesma maneira, como fazem as imagens que vejo ao dormir, de sorte que não pudesse notar nem de onde ele vinha, nem aonde iria, não seria sem razão que o estimaria um espectro ou um fantasma formado em meu cérebro, semelhante àqueles que nele se formam quando estou dormindo[39], em vez de um

....

39. Acréscimo do francês: *semelhante àqueles que nele se formam quando estou dormindo.*

homem verdadeiro. Mas, quando percebo coisas de que
conheço distintamente tanto o lugar de onde vêm, quan-
to aquele onde estão, e o tempo em que me aparecem,
e que, sem interrupção nenhuma, posso ligar o sentimen-
to que delas tenho com a sequência do resto de minha
vida, fico inteiramente seguro de que as percebo em vi-
gília, e não no sono. E não devo de forma alguma duvi-
71 dar da verdade destas coisas, se, depois de chamar todos
os meus sentidos, minha memória e meu entendimento
para as examinar, nada do que me é relatado por algum
deles tenha repugnância com o que me é relatado pelos
outros. Pois, do fato de Deus não ser enganador, segue-se
necessariamente que nisso não sou enganado.

[43] Mas, porque a necessidade dos negócios nos obriga amiúde a nos determinar, antes que tenhamos tido tempo de examiná-los tão acuradamente, cumpre admitir que a vida do homem está sujeita a falhar com muita frequência nas coisas particulares; e, enfim, cumpre reconhecer a debilidade e a fraqueza de nossa natureza.

PARTE I

Princípios da filosofia de René Descartes demonstrados à maneira geométrica

Prolegômeno

SO, I, 41

Antes que abordemos as proposições mesmas e suas demonstrações, pareceu bom, no que antecede, sucintamente pôr diante dos olhos por que Descartes duvidou de tudo, por qual via estabeleceu os sólidos fundamentos das ciências[1] e, finalmente, por quais meios libertou-se de todas as dúvidas; tudo o que de fato teríamos reduzido à ordem matemática se não julgássemos que a prolixidade, requerida para apresentá-lo, impede que tudo isso, que

....

1. Das traduções consultadas, ao menos uma lê diferentemente esta passagem. A versão alemã de Artur Buchenau liga o adjetivo a *via* e não a *fundamentos*: "por qual via sólida estabeleceu os fundamentos das ciências"("auf welchem sichern Wege er die Grundlagen der Wissenschaften ermittelt"; cf. *Descartes' Prinzipien der Philosophie auf geometrische Weise begründet*, Hamburgo, Felix Meiner, 1987). A rigor, é uma leitura possível, mas para tanto é preciso desconsiderar as edições de Gebhardt (que de fato Buchenau não consultou, pois sua tradução é de 1906) e de Van Vloten & Land, as quais acentuam os termos em questão tornando-os inequívocos; além do mais, teríamos de supor uma frase ambígua e cuja ordem das palavras dista da mais comum tanto em Espinosa quanto em Descartes. De qualquer maneira, para decidir seria preciso consultar a edição original de 1663, o que não pudemos fazer; observe-se, porém, que a mais antiga edição latina de que nos servimos para o cotejo, a de Bruder, não traz acentos.

deve ser visto com um só olhar, como em uma pintura, fosse devidamente inteligido[2].

E assim, para que procedesse quão cautelosissimamente possível na investigação das coisas, Descartes esforçou-se por:

1.º) Despojar-se de todos os prejuízos.

2.º) Encontrar os fundamentos sobre os quais se há de construir tudo.

3.º) Descobrir a causa do erro.

4.º) Inteligir tudo clara e distintamente.

Porém, para que pudesse conseguir o primeiro, o segundo e o terceiro, começa por colocar tudo em dúvida, não como o cético, decerto, que não se fixa nenhum outro fim que duvidar, mas para que livrasse o ânimo de todos os prejuízos, com o que finalmente encontrasse os firmes e inconcussos fundamentos das ciências, que deste modo, caso os haja, não lhe possam escapar. Com efeito, os verdadeiros princípios das ciências devem ser a tal pon-
142 to claros e certos que não precisem de nenhuma prova, estejam postos fora de todo risco de dúvida e sem eles nada possa ser demonstrado. E achou-os após uma longa dúvida. Depois de encontrados esses princípios, não lhe foi difícil discernir o verdadeiro do falso e descobrir

....

2. A despeito da tradução mais usual por *entender*, vertemos o verbo *intelligere* por *inteligir*, com o que se ganham perfeita correlação com o latim e a precisa marcação do parentesco com outros termos: inteligível, inteligibilidade, intelecto, intelectual, etc. É uma solução já sistematicamente usada, citemos só dois casos a título de exemplo, por Carlos Arthur do Nascimento em sua tradução de *O ente e a essência* (Petrópolis, Vozes, 1995); e por Carlos Lopes de Matos, na tradução do *Tratado da correção do intelecto* (col. Pensadores). Sobre o modelo de exposição adotado por Espinosa e apresentado neste parágrafo, cf. a introdução.

a causa do erro e mesmo precaver-se para que não assumisse algo falso e duvidoso por verdadeiro e certo[3].

Já para que conseguisse o quarto e último, isto é, inteligir tudo clara e distintamente, sua principal regra foi enumerar e examinar uma a uma todas as ideias simples a partir da quais são compostas todas as restantes. Com efeito, logo que pudesse perceber clara e distintamente as ideias simples, sem dúvida também inteligiria com a mesma clareza e distinção todas as restantes, formadas a partir daquelas simplíssimas. Assim, isto posto, explicaremos brevemente de que modo colocou tudo em dúvida, encontrou os verdadeiros princípios das ciências e desembaraçou-se das dificuldades das dúvidas.

Dúvida de tudo[4]. Dessa forma, primeiro pôs diante dos olhos tudo aquilo que recebera dos sentidos: o céu, a terra e coisas similares, e também seu próprio corpo; tudo o que até então estimara haver nas coisas da natureza. E duvida da certeza disso porque depreendera que os sentidos o haviam enganado algumas vezes e no sono amiúde persuadira-se de que verdadeiramente existiam muitas coisas fora de si, no que, depois, vinha a saber que se iludira; e, enfim, porque já ouvirá outros, em vigília, dizerem sentir dor em membros de que há muito careciam.[5] Por conseguinte, não sem razão pôde duvidar até da existência de seu próprio corpo. E disso tudo pôde

....

3. Tradução holandesa: *por verdadeiro algo falso e por certo algo duvidoso.*

4. Os títulos em itálico, que dividem o texto em três seções, não são de Espinosa, mas foram ajuntados como notas marginais pelo encarregado da edição do livro. *Grosso modo*, afora as respostas à objeção do círculo, as seções retomam as duas primeiras Meditações e o início da Terceira.

5. Este último argumento só aparece na Meditação Sexta, numa recapitulação das razões de duvidar (§ 13).

concluir verdadeiramente que os sentidos não são o firmíssimo fundamento sobre o qual se há de construir toda ciência, pois podem ser colocados em dúvida, mas que a certeza depende de outros princípios que nos são mais certos. Para que prossiga investigando, porém, em segundo lugar põe diante de seus olhos todos os universais, quais sejam, a natureza corpórea em geral e sua extensão, bem como a figura, a quantidade, etc., e também todas as ver-
143 dades matemáticas. E embora elas lhe parecessem mais certas que outras que tirara dos sentidos, encontrou todavia uma razão de duvidar delas, porquanto outros também haviam errado acerca disso e, principalmente, porquanto fixa em sua mente estava certa velha opinião de que há um Deus que pode tudo e por quem foi criado tal qual existe e que o fizera, porventura, de tal forma que se enganasse até acerca daquilo que lhe parecia claríssimo. Eis o modo pelo qual colocou tudo em dúvida.

Descoberta do fundamento de toda ciência. Ora, para que encontrasse os verdadeiros princípios das ciências, indagou depois se acaso colocara em dúvida tudo o que pudesse cair sob seu pensamento, para que assim explorasse se talvez não havia restado algo de que ainda não duvidara. Pois se encontrasse algo que, assim duvidando, não pudesse ser colocado em dúvida por nenhuma das razões precedentes nem por alguma outra, julgou com justiça que isso haveria de ser estabelecido como o fundamento sobre o qual construiria todo seu conhecimento. E se bem que, como parecia, já houvesse duvidado de tudo, pois duvidara igualmente tanto do que adquirira pelos sentidos quanto do que percebera pelo só intelecto. Restava algo, porém, que havia de ser explorado: ele mesmo, por certo, que assim duvidava; não enquanto constava

de cabeça, mãos e os restantes membros do corpo, porquanto disto duvidara, mas apenas enquanto duvidava, pensava, etc. E examinando-o cuidadosamente ficou sabendo não poder duvidar disso por nenhuma das razões precedentes, pois, embora pense dormindo ou acordado, pensa, porém, e é; e embora outros, ou ele mesmo, também houvessem errado acerca de outras coisas, não obstante, porquanto erravam, eram. E não pode fingir algum tão astuto[6] autor de sua natureza que o enganasse acerca disso; com efeito, haverá de conceder-se que ele existe enquanto supõe ser enganado. Nem, enfim, que se excogite qualquer outra causa de duvidar, não se poderá alegar nenhuma que simultaneamente não o deixe certíssimo de sua existência. Ou melhor, que várias razões de duvidar sejam alegadas, com isso simultaneamente são alegados vários argumentos que o convencem de sua existência. A tal ponto que, para onde quer que se volte para duvi- 143
dar, é coagido, não obstante, a irromper nestas palavras: *duvido, penso, logo existo*[7].

Descoberta essa verdade, então, simultaneamente também encontrou o fundamento de todas as ciências e também a medida e regra de todas as outras verdades, a saber, *o que quer que seja percebido tão clara e distintamente quanto isso é verdadeiro*.

Porém, que nada mais senão isso possa ser o fundamento das ciências é mais que suficientemente límpido a partir do que precede, porquanto todo o restante pode

....

6. Tradução holandesa: *potente*.

7. Observe-se que Espinosa retoma a fórmula do *Discurso* e dos *Princípios* e não a das *Meditações*. Abaixo, *penso, logo existo* será posto como equivalente a *sou pensante*, forma existente nas *Meditações*, porém, de ocorrência marginal.

ser colocado em dúvida por nós sem o menor esforço; já isso, de jeito nenhum. Mas, na verdade, acerca desse fundamento é de notar aqui, em primeiro lugar, que esta oração *duvido, penso, logo existo* não é um silogismo em que a proposição maior foi omitida; pois, se fosse um silogismo, as premissas deveriam ser mais conhecidas que a própria conclusão *logo existo*, e por isso *eu existo* não seria o primeiro fundamento de todo o conhecimento; além do que não seria uma conclusão certa, pois sua verdade dependeria de premissas universais, as quais há muito o autor colocara em dúvida; e por isso *penso, logo existo* é uma proposição única que equivale a esta: *eu sou pensante*[8].

Continuando, cumpre saber, para que evitemos confusão no que segue (pois o assunto há de ser clara e distintamente percebido), o que somos; pois, clara e distintamente inteligido isso, não confundiremos nossa essência com outras. Então, para que o deduza a partir do que precedente, assim prossegue nosso autor.

Traz à memória todos os pensamentos que outrora teve sobre si mesmo, como que sua alma é algo exíguo a exemplo do vento, ou do fogo, ou do éter, infuso nas partes mais espessas de seu corpo, e que o corpo lhe é mais conhecido que a alma e é por ele percebido mais clara e distintamente. E depreende que tudo isso claramente choca-se com o que até então inteligira, pois pudera

....

8. Instado por alguns objetores, segundo os quais para afirmar sua existência Descartes teria pressuposto a premissa *tudo o que pensa é ou existe*, o filósofo explicara que o cogito não é um silogismo, mas um conhecimento de apreensão imediata, que nada pressupõe. Não obstante a imediatez, as quatro primeiras proposições da obra de Espinosa servirão à demonstração do *penso, logo existo* ou *sou pensante*.

duvidar de seu corpo, mas não, enquanto pensava, de sua essência. E mais, que nem clara nem distintamente o percebera e, por consequência, pelo prescrito por seu método, devia rejeitar como falso. Donde, como não pode inteligir que tais coisas pertencem a si, como até então fora 145
conhecido a si mesmo, prossegue por outro lado a indagar o que propriamente pertence à sua essência, o que não pudera colocar em dúvida e devido a que fora coagido a concluir sua existência; são tais: *que quis precaver-se de ser enganado; que desejara inteligir muitas coisas; que duvidara de tudo o que não pudera inteligir; que até então afirmara apenas uma coisa; que negara e rejeitara como falsas todas as restantes; e que a contragosto imaginara também muitas; e que, enfim, observara que muitas coisas provinham dos sentidos*. E como com igual evidência coligiu sua existência a partir de cada uma dessas coisas e não pudera recensear nenhuma dentre elas que colocara em dúvida, e, enfim, todas essas coisas possam ser concebidas sob um mesmo atributo, segue-se que todas são verdadeiras e pertencem à sua natureza. E de tal forma que, quando dissera *penso*, todos estes modos de pensar eram inteligidos, a saber, *duvidar, inteligir, afirmar, negar, querer, não querer, imaginar e sentir*.

Primeiro de tudo, porém, é de notar aqui algo que terá grande utilidade no que segue, quando se tratar da distinção entre a mente e o corpo: 1º) esses modos de pensar são clara e distintamente inteligidos sem o restante, de que até agora se duvida; 2º) o conceito claro e distinto que temos deles torna-se obscuro e confuso se quisermos imputar-lhes algo de que até agora duvidamos.

Liberação de todas as dúvidas. Enfim, para que ficasse certo do que colocara em dúvida e tolhesse toda dúvida,

prossegue a pesquisar a natureza do Ente perfeitíssimo e se ele existe; pois, logo que depreender existir um Ente perfeitíssimo, por cuja força tudo é produzido e conservado e a cuja natureza repugna que seja enganador, então será tolhida aquela razão de duvidar que teve porque ignorava sua própria causa. Com efeito, saberá que a faculdade de discernir o verdadeiro do falso não lhe foi dada por um Deus sumamente bom e veraz para que se enganasse. E assim, as verdades matemáticas, ou seja, tudo o que lhe parece ser o mais evidente, de forma alguma poderão ser suspeitas. Depois, para que tolha as outras cau-
146 sas de duvidar, avança e indaga de onde vem, então, que às vezes erremos; pelo que, quando descobre que isso se origina de que nossa livre vontade seja usada para assentir também ao que percebemos apenas confusamente, de imediato pôde concluir que daí por diante pode precaver-se do erro, contanto que não dê seu assentimento senão ao claro e distintamente percebido, o que cada um pode obter de si mesmo facilmente, porquanto tem o poder de coibir a vontade e, por conseguinte, de fazer com que se contenha dentro dos limites do intelecto. Contudo, porque na primeira idade adquirimos muitos prejuízos dos quais não nos libertamos facilmente, continuando, para que deles nos libertemos e nada acolhamos senão o que clara e distintamente percebemos, passa a enumerar todas as noções e ideias simples a partir das quais todos nossos pensamentos são compostos e examiná-las uma a uma, para que possa observar em cada uma o que quer que seja claro, o que quer que seja obscuro; assim, com efeito, poderá distinguir facilmente o claro do obscuro e formar pensamentos claros e distintos, e dessa forma des-

cobrir a distinção real entre a alma e o corpo, e o que é claro e obscuro nisso que tiramos dos sentidos e, enfim, em que o sono difere da vigília. Feito isso, não pôde mais nem duvidar de que estava acordado, nem ser enganado pelos sentidos; e assim libertou-se de todas as dúvidas acima recenseadas.

Contudo, antes de terminar, ao que parece cumpre satisfazer aos que assim argumentam: como não nos vem a ser conhecido por si mesmo que Deus exista, parece nunca podermos estar certos de coisa alguma, e nunca nos poderá vir a ser conhecido que Deus exista, pois a partir de premissas incertas (com efeito, dissemos ser tudo incerto enquanto ignoramos nossa origem) nada de certo pode ser concluído[9].

Para afastar esta dificuldade, Descartes responde dessa forma: do fato de ainda não sabermos se talvez o autor de nossa origem nos tenha criado tais que nos enganemos até nisso que nos aparece como evidentíssimo, de modo algum podemos duvidar do que inteligimos clara e distintamente por si mesmo ou por um raciocínio, enquanto atentamos para este; mas podemos duvidar apenas do que antes demonstramos ser verdadeiro, ao que 147
a memória pode recorrer quando não mais atentamos às razões a partir das quais o deduzimos e das quais, portanto, nos esquecemos. Por conseguinte, embora não se possa vir a conhecer por si mesmo que Deus existe, mas apenas por outro, todavia poderemos alcançar o conhecimento certo da existência de Deus desde que atentemos muito cuidadosamente a todas as premissas a partir

....

9. Trata-se da conhecida objeção do "círculo cartesiano"; cf. Meditação Terceira.

das quais o concluímos. Vê Princ., parte I, art. 13; Resp. às Seg. Obj, nº 3 e Medit. 5, ao fim[10].

Contudo, já que esta resposta não satisfaz a alguns, darei outra. Vimos, no que precede, quando falávamos da certeza e evidência de nossa existência, que a concluímos a partir disso: para onde quer que convertêssemos a agudeza da mente, não topávamos com nenhuma razão de duvidar que por si mesma não nos convencesse de nossa existência, fosse quando atentávamos para nossa própria natureza, fosse quando fingíamos um astuto enganador, fosse, enfim, quando invocávamos fora de nós qualquer outra razão de duvidar; o que depreendíamos não acontecer acerca de nenhuma outra coisa. Pois, embora atentando à natureza, por ex., do triângulo, sejamos coagidos a concluir que seus três ângulos são iguais a dois retos, porém, não podemos concluir o mesmo a partir disso: que talvez sejamos enganados pelo autor de nossa natureza; não obstante, desse modo, a partir disso mesmo, coligimos certissimamente nossa existência. Por conseguinte, não somos coagidos a concluir, para onde quer que convertamos a agudeza da mente, que os três ângulos do triângulo são iguais a dois retos, mas, ao contrário, encontramos uma causa de duvidar porque decerto não temos nenhuma tal ideia de Deus que nos afete de forma que a nós seja impossível pensar que Deus é enganador. Pois é igualmente fácil a quem não tem uma ideia verdadeira de Deus, o que já supomos não ter, tanto pensar que seu autor é enganador, quanto que não é enganador; de modo idêntico, àquele que não tem nenhu-

....

10. O leitor poderá consultar as traduções dos *Princípios* e das Segundas indicadas na bibliografia.

ma ideia[11] do triângulo é igualmente fácil pensar tanto que seus três ângulos são iguais a dois retos, quanto que não são iguais. Por isso concedemos não podermos estar 148
absolutamente certos de coisa alguma, além de nossa existência, embora corretamente atentemos à demonstração daquilo, enquanto não tenhamos nenhum conceito que nos faça afirmar que Deus é sumamente veraz, assim como a ideia que temos do triângulo coage-nos a concluir que seus três ângulos são iguais a dois retos; mas negamos que por isso não possamos alcançar o conhecimento de coisa alguma. Pois, como a partir de tudo o que há pouco foi dito é patente que o ponto cardeal da coisa toda consiste só nisso: se podemos formar um tal conceito de Deus que nos disponha de tal modo que não nos seja igualmente fácil tanto pensar que ele é quanto que não é enganador, mas que nos coaja a afirmar que ele é sumamente veraz. Com efeito, logo que tivermos formado tal ideia, será tolhida aquela razão de duvidar das verdades matemáticas; pois, nesse caso, para onde quer que convertamos a agudeza da mente a fim de duvidarmos de alguma delas, não toparemos com nada a partir do que não devamos concluir, do mesmo modo, como aconteceu acerca de nossa existência, que ela é certíssima. Por ex., se, depois de encontrada a ideia de Deus, atentamos à natureza do triângulo, a ideia deste coage-nos a afirmar que seus três ângulos são iguais a dois retos; já se atentamos à ideia de Deus, esta também nos coage a afirmar que ele é sumamente veraz e autor e conservador contínuo de nossa natureza, e, assim, que não nos engana acerca dessa verdade. E não nos será menos impossível pensar que ele é enganador, quando atentamos à ideia

11. Tradução holandesa: *nenhuma ideia clara.*

de Deus (o que supomos já ter encontrado), do que quando atentamos à ideia do triângulo pensar que seus três ângulos não sejam iguais a dois retos. E como podemos formar tal ideia do triângulo, embora não saibamos se o autor de nossa natureza engana-nos, assim também podemos tornar clara a nós e pôr diante dos olhos a ideia de Deus, embora também duvidemos se o autor de nossa natureza nos engana em tudo. E contanto que a tenhamos, de qualquer modo que a houvermos adquirido, será suficiente, como acaba de ser mostrado, para tolher toda dúvida. E assim, com essas premissas respondo à dificul-
149 dade levantada; de coisa alguma podemos estar certos, de fato, não enquanto ignoramos a existência de Deus (pois não falei desse assunto), mas enquanto não temos uma ideia clara e distinta dele. Por conseguinte, se alguém quiser argumentar contra mim, deverá ser tal o argumento: de coisa alguma podemos estar certos antes que tenhamos uma ideia clara e distinta de Deus. Ora, não podemos ter uma ideia clara e distinta de Deus enquanto não soubermos se o autor de nossa natureza nos engana; logo, de coisa alguma podemos estar certos enquanto não soubermos se o autor de nossa natureza nos engana, etc. Ao que respondo concedendo a maior e negando a menor. Com efeito, temos uma ideia clara e distinta do triângulo, embora não saibamos se o autor de nossa natureza nos engana; e, contanto que tenhamos tal ideia de Deus, como profusamente mostrei, nem de sua existência, nem de uma verdade matemática poderemos duvidar[12].

Dito isto, abordemos agora o próprio assunto[13].

12. Sobre as respostas espinosanas à objeção do círculo, cf. a introdução.

13. O assunto, no caso, é a exposição geométrica da filosofia cartesiana, que começa logo depois do Prolegômeno.

Bibliografia

A seleção bibliográfica restringe-se a obras em português, pois dirige-se primeiramente ao leitor não familiarizado com outras línguas e que deseja aprofundar o estudo da filosofia de Descartes. Referências à imensa bibliografia cartesiana em língua estrangeira poderão ser facilmente conseguidas a partir da consulta a quaisquer dos títulos aqui indicados. Salvo engano, não há tradução vernácula completa das Objeções e Respostas, mas o leitor poderá consultar a boa edição espanhola de Vidal Peña: *Meditaciones metafísicas con objeciones y respuestas*, Madri, Alfaguara, 1977.

I. Obras

"Carta de Descartes a Elisabeth". Tradução e introdução de Carlos Arthur R. do Nascimento. *Transformação*, v. 7, 1984, São Paulo [carta de setembro-1646].

Discurso do método. Tradução de Maria Ermantina Galvão. São Paulo, Martins Fontes, 1989.

Discurso do método. Tradução de Elza Moreira Marcelina; prefácio de Geneviève Rodis-Lewis; comentários de Denis Huisman. Brasília & São Paulo, Editora da Universidade de Brasília & Ática, 1989.

Discurso do método. Tradução de Fernando Melro, introdução de Fernando Piteira Santos, notas de J. Tomaz Ferreira. Lisboa, Publicações Europa-América, 1977.

Discurso do método. Tradução de João Gama; introdução e notas de Étienne Gilson. Lisboa, Edições 70, 1993.

Discurso do método. Tradução, prefácio e notas de Pinharanda Gomes, revista e corrigida por Paulo Bravio. Lisboa, Best-Sellers, 1964.

Discurso do método; Tratado das paixões da alma. Tradução, prefácio e notas de Newton de Macedo. Lisboa, Livraria Sá da Costa, 1981.

Discurso sobre o método. Tradução de Márcio Pugliesi e Norberto de Paula Lima. São Paulo, Hemus, 1978.

Discurso sobre o método. Tradução de Paulo M. Oliveira. Rio de Janeiro, Athena, s.d.

Discurso do método, As paixões da alma, Meditações, Objeções e Respostas, Cartas. Tradução de J. Guinsburg e Bento Prado Júnior, prefácio e notas de Gérard Lebrun, introdução de Gilles-Gaston Granger. Col. Os Pensadores. São Paulo, Abril Cultural, várias edições [apenas Segundas e Quintas Objeções e Respostas].

Meditações metafísicas. Tradução de António Sérgio. Coimbra, Imprensa da Universidade.

Meditações sobre a filosofia primeira. Introdução, tradução e notas pelo Prof. Gustavo de Fraga. Coimbra, Livraria Almedina, 1992.

As paixões da alma. Tradução de Rosemary Costhek Abílio, São Paulo, Martins Fontes, 1998.

Princípios da filosofia. Apresentação, tradução, notas e comentário por Leonel Ribeiro dos Santos. Lisboa, Presença, 1995 [parte I].

Princípios da filosofia. Tradução e notícia de Alberto Ferreira, Lisboa, Guimarães, 1971 [parte I].

"Dos Princípios da Filosofia (Primeira parte. Sobre os princípios do conhecimento humano)". Trad. do Seminário Filosofia da Linguagem. *Analytica*, v. 2, n.º 1, 1997, Rio de Janeiro [art. I-XXIV].

Regras para a direcção do espírito. Tradução de António Reis. Lisboa, Estampa, 1989.

Regras para a direcção do espírito. Tradução de João Gama. Lisboa, Edições 70, 1989.

Regras para a orientação do espírito. Tradução de Maria Ermantina Galvão. São Paulo, Martins Fontes, 1999.

Tratado do homem. Tradução e notas de Jordino Marques in *Descartes e sua concepção de homem*. São Paulo, Loyola, 1993.

II. Estudos

Alquié, Ferdinand. *A filosofia de Descartes*. Lisboa, Presença, 1969.

Alvarenga, Ethel. "A noção de sujeito como aparece nas *Meditações*". *Discurso*, n.º 24, 1994, São Paulo.

Analytica: Descartes: os princípios da filosofia moderna. O cartesianismo posto em questão. V. 3, n.º 1, 1998, Rio de Janeiro.

Analytica: Descartes: os princípios da filosofia moderna. Questões da física e da metafísica cartesiana. V. 2, n.º 2, 1997, Rio de Janeiro.

Beyssade, Jean-Marie. "Sobre o círculo cartesiano". *Analytica*, v. 2, n.º 1, 1997, Rio de Janeiro.

Beyssade, Michelle. *Descartes*. Lisboa, Edições 70, 1972.

Bréhier, Émile. "Descartes e o cartesianismo" in *História da filosofia*. Tomo 2: A filosofia moderna; fascículo 1: O século XVII. São Paulo, Mestre Jou, 1977.

Canguilhem, Georges. "Descartes e a técnica / Descartes et la technique". *Transformação*, v. 5, 1982, São Paulo.

Cannabrava. Euryalo. *Descartes e Bergson*. São Paulo, Ed. Amigos do Livro, s.d.

Cavaillé, Jean-Pierre. *Descartes – A fábula do mundo*. Lisboa, Instituto Piaget.

Cottingham, John. *A filosofia de Descartes*. Lisboa, Ed. 70, 1989.

______. *Dicionário Descartes*. Rio de Janeiro, Jorge Zahar, 1995.

Forlin, Enéias. "O papel da análise e da síntese na ordem das razões segundo Descartes". *Cadernos espinosanos*, nº 4, 1999, São Paulo.

Fuks, Saul (org.). *Descartes 400 anos. Um legado científico e filosófico*. Rio de Janeiro, Relume Dumará, 1997.

Guéroult, Martial. "'Prólogo' de *Descartes segundo a ordem das razões*". *Dissenso*, nº 1, 1997, São Paulo.

Jesus, Luciano Marques de. *A questão de Deus na filosofia de Descartes*. Porto Alegre, EDIPUCRS, 1997.

Kobayashi, Michio. *A filosofia natural de Descartes*. Lisboa, Instituto Piaget.

Koyré, Alexandre. *Considerações sobre Descartes*. Lisboa, Presença.

______. *Do mundo fechado ao universo infinito*. Rio de Janeiro & São Paulo, Forense-Universitária & Editora da Universidade de São Paulo, 1979 [cap. 4-5].

Kujawski, Gilberto de Mello. *Descartes existencial*. São Paulo, Herder & Editora da Universidade de São Paulo, 1969.

Landim, Raul. *Evidência e verdade no sistema cartesiano*. São Paulo, Loyola, 1992.

______. "Pode o cogito ser posto em questão?". *Discurso*, nº 24, 1994, São Paulo.

Leopoldo e Silva, Franklin. *Descartes: a metafísica da modernidade*. São Paulo, Moderna, 1993.

______. "Transformação da noção de beatitude em Descartes". *Discurso*, nº 24, 1994, São Paulo.

Marion, Jean-Luc. *Sobre a ontologia cinzenta de Descartes. Ciência cartesiana e saber aristotélico nas "Regulæ"*. Lisboa, Instituto Piaget, 1997.

Marques, Jordino. *Descartes e sua concepção de homem*. Com uma tradução do *Tratado do homem*. São Paulo, Loyola, 1993.

Mattos, Carlos Lopes de. *Francis Bacon, Descartes, Spinoza*. Capivary. Gráf. Ed. do Lar, 1987.

Pascal, George. *Descartes*. São Paulo, Martins Fontes, 1990.

Philonenko, Alexis. *Reler Descartes. O génesis do pensamento francês*. Lisboa, Instituto Piaget, 1996.

Rocha, Ethel Menezes. "Hobbes contra Descartes: a questão da substância imaterial". *Cadernos de história e filosofia da ciência*, série 3, v. 5, nº 1-2, 1995, Campinas.

Rodis-Lewis, Geneviève. *Descartes*. Rio de Janeiro, Record, 1996, 294 pp.

______. *Descartes e o racionalismo*. Porto, Rés Editora, 1979.

Rosenfield, Denis L. *Descartes e as peripécias da razão*. São Paulo, Iluminuras, 1986.

Silveira, Lígia Fraga. "Fisiologia, concepções médicas e o estatuto da medicina em Descartes". *Transformação*, nº 8, 1985, São Paulo.

Teixeira, Lívio. *Ensaio sobre a moral de Descartes*. São Paulo, Brasiliense, 1990.

Valéry, Paul. *O pensamento vivo de Descartes*. São Paulo, Martins, 1952.

Índice analítico[1]

Meditação Primeira

Das coisas que se podem colocar em dúvida

Meditação Segunda

Da natureza do espírito humano e que ele é mais fácil de conhecer que o corpo

1. Os números entre parênteses remetem à numeração dos parágrafos.

Meditação Terceira

De Deus; que ele existe

[1-5] Exame do eu pensante por si mesmo; inventário dos conhecimentos certos adquiridos.

[6-9] Há em nós três tipos de pensamentos: ideias, vontades, juízos.

[10-18] Para saber se há coisas exteriores a nós é preciso estudar a origem de nossas ideias.

[19-22] A ideia de Deus: única de que não posso ser causa. Primeira prova da existência de Deus.

[23-27] A ideia de Deus é a mais clara de todas as nossas ideias.

[28-37] O eu pensante não existe por si mesmo. Segunda prova da existência de Deus.

[38-42] A contemplação da ideia de Deus em nós.

Meditação Quarta

Do verdadeiro e do falso

[1-2] Contemplando a ideia de Deus, descobre-se a possibilidade de uma ciência certa.

[3-5] Problema: se Deus não é enganador, como pode ele permitir que nos enganemos?

[6-8] O erro não é pura negação.

[9] O mecanismo do erro. Entendimento e vontade.

[10-14] A causa do erro está no mau uso de nosso livre-arbítrio.

[15-17] Nossos erros revelam nossa liberdade.

Meditação Quinta

Da essência das coisas materiais e, mais uma vez,
de Deus, que ele existe

[1-6] As essências racionais.

[7-10] Coincidência de existência e essência no ser de Deus. Terceira prova da existência de Deus.

[11-15] A vitória sobre a dúvida metafísica torna possível uma ciência perfeita.

Meditação Sexta

Da existência das coisas materiais e da distinção real entre a alma e o corpo do homem

[1-6] Como assegurar-se da existência das coisas materiais? A imaginação nos apresenta coisas existentes?

[7-12] É no campo das sensações que se enraiza nossa crença na existência de corpos materiais.

[13-16] Dificuldade para vencer completamente a dúvida natural.

[17-20] As coisas materiais são distintas de nós. É confiável o sentimento que nos faz crer na existência delas.

[21-25] Os ensinamentos da natureza.

[26-30] O que nos ensina a natureza é verdadeiro ou falso? Solução do problema.

[31-41] Há erros na natureza?

[42-43] A dúvida pode ser integralmente vencida.